Dichtung und Sprache
Band 4

Deutsche Akademie
für Sprache und Dichtung
Darmstadt

Sprach - Störungen

Beiträge zur Sprachkritik
Herausgegeben von
Hans-Martin Gauger

Carl Hanser Verlag

Redaktion:
Gerhard Dette
Deutsche Akademie für Sprache und Dichtung

ISBN 3-446-14524-9

Umschlag: Klaus Detjen, Hamburg
Satz: Fotosatz Otto Gutfreund, Darmstadt
Druck und Bindung: Passavia, Passau
Printed in Germany

Inhalt

Postskriptum

Dem Andenken
an Gerhard Storz
gewidmet

Vorbemerkung des Herausgebers

Jeder, dachten wir, hat seine Allergien: dies oder jenes, keineswegs immer leicht begründbar, ein Wort, eine Wendung, ein Bild, eine Konstruktion stört, irritiert, ärgert oder empört den Empfindlichen am Sprachgebrauch seiner Zeitgenossen. An solche Allergien, Reizbarkeiten (dieser Plural, zum Beispiel, würde Hartmut von Hentig stören), dachten wir, sei anzuknüpfen. So kam es zum Gedanken an eine Art Umfrage unter der Überschrift »Was mich am gegenwärtigen Deutsch stört«. Obwohl es Widerspruch gab, bleiben wir bei der in dem Verb *stören* liegenden negativen Akzentuierung. Aber wir stellten den Befragten anheim, auch das Positive zu benennen. Die Antworten, die eintrafen, orientieren sich jedoch alle, provoziert durch die Fragestellung, am Negativen. Die Störung herrscht vor (was natürlich nicht heißen darf, daß der gegenwärtige Gebrauch des Deutschen durch die, die antworteten, vorwiegend negativ beurteilt werde). Unmittelbar auf unsere Frage bezieht sich das den Band einleitende Gedicht von Walter Helmut Fritz; sie bestimmt auch die abwehrende Überschrift Harald Weinrichs, »Ich lasse mich nicht stören«. Freilich: der Entschluß, sich nicht stören zu lassen, setzt ein gewisses Maß an Gestörtheit voraus ... Hier nun drängt sich störend der neuerliche Doppelsinn von ›gestört‹ nach vorn, über den es sich lohnte nachzudenken. Sind diejenigen, die gestört werden, sich gestört fühlen – und sei es nur durch Sprachgebrauch – ›gestört‹? Oder haben die Gestörten gute Gründe?

Wie immer: die ins Auge gefaßte Umfrage, ausgehend von jenen Überlegungen in der Sprachkommission der Deutschen Akademie für Sprache und Dichtung (es war im Mai 1984, Gerhard Storz war schon nicht mehr unter uns), kam zustande. Kürzere, auch persönlich motivierte sprachkritische Ausführungen über Störendes (oder Ansprechendes) waren erwünscht; ›literarische‹ Antworten sollten nicht ausgeschlossen sein. Das Ergebnis wird hiermit vorgelegt: sechzehn Äußerungen, nach Umfang, Form und Ausrichtung ziemlich verschieden, alle, mit zwei Ausnahmen, von Mitgliedern der Deutschen Akademie für Sprache und Dichtung. Es ist, denke ich, ein interessantes Ergebnis – zumindest für den sprachlich Empfindlichen, für denjenigen, dem es nicht gleichgültig ist, wie geredet und geschrieben wird, also den sprachlich immer wieder und in verschiedener Weise Gestörten ... Einheitlichkeit war nicht angestrebt; sie wäre auch schwer erreichbar gewesen. Gerade in ihrer Vielfalt, auch, zum Teil, ihrer Widersprüchlichkeit sind diese Antworten – und dies (nur dies) war das Ziel – ein Beitrag zur Steigerung sprachlicher Empfindlichkeit und Nachdenklichkeit. Es geht in diesem Band nicht um die bekannte (und alte) Klage über »Sprachverfall«, sondern um kritische, durchaus auch heitere *Aufmerksamkeit*: die uns überkommene, sich – bei allem Beharren – ständig verändernde Sprache, eine wahre res publica, ist ja nicht nur ›Besitz‹, sie ist auch Aufgabe. Auch sollte der Blick dafür geschärft werden, daß das Sprachliche kaum je *nur* das Sprachliche ist (»semper aliquid haeret«).

Deutsch als Aufgabe und Vergnügen lautet der Titel des letzten, nach seinem Tod erschienenen Buchs von Gerhard Storz. Es wäre ein guter Titel gewesen auch für diesen Band.

Hans-Martin Gauger

Einleitendes

Hans-Martin Gauger
Richtungen der Sprachkritik

Idole des Markts

Im ersten Teil seines *Novum Organum* (1620) legt Francis Bacon dar, was er »Lehre von den Idolen« nennt. »Idole« sind für ihn Vorurteile, die unvoreingenommene Beobachtung und unvoreingenommenes Denken verhindern. Erkenntnis beginnt für ihn mit dem Abbau der Idole. Bacon unterscheidet unter ihnen vier Arten. Erstens die *idola tribus*, »Idole des Stamms«: gemeint ist die Tendenz des Erkennenden, alles nach dem Maß, der Analogie des Menschen zu beurteilen. Der Blickwinkel, der zu uns gehört, insofern wir Menschen sind, wird absolut gesetzt. Zweitens die *idola specus*, »Idole der Höhle«. Hier handelt es sich um die Absolutsetzung des eigenen, subjektiven Blickwinkels; Verzerrung also der Erkenntnis oder ihr Ausbleiben durch fehlende Überwindung der Subjektivität des Erkennenden. Drittens die »Idole des Theaters«, *idola theatri*. Bacon meint mit diesem überraschenden, aber bei einem zweiten Blick einleuchtenden Ausdruck die Vorurteile, die sich aus der Tradition ergeben. Der Ausdruck »Theater« paßt zu dem Rituellen, das zum Theaterhaften – nicht nur im akademischen Bereich – der Tradition gehört. Viertens die *idola fori*, »Idole des Markts«. Hier nun handelt es sich um die Vorurteile für die Beobachtung und das Denken, die sich aus der *Sprache* ergeben. Konkret stellt es sich Bacon so vor, daß Wörter entweder die Existenz von Dingen suggerieren, die es faktisch nicht gibt, oder daß sie die Wirklichkeit anders darstellen, als sie ist. Also: die Sprache verfügt über Wörter für Dinge, die nicht existieren (Bacon nennt interessanterweise das Wort ›Glück‹), und benennt Dinge, die tatsächlich existieren, nicht mit den ihnen angemessenen Wörtern. Wörter also stellen sich zwischen die Dinge und unsere Erkenntnis. Aus dem eigentlichen Instrument des Denkens wird eine Schranke. Diesen Darlegungen Bacons kommt, mit einem Ausdruck Edmund Husserls zu sprechen (er gebraucht ihn im Blick auf das *ego cogito, ego sum* des Descartes), »Ewigkeitsbedeutung« zu: jede Bemühung um Erkenntnis, im Bereich des Menschlichen zumal, muß beginnen mit einer kritischen Untersuchung der Wörter, welche die Dinge, um die es geht, bezeichnen. Das heißt: die Wörter der Alltagssprache müssen registriert, dann aber kritisch überschritten werden. Vorbild hierfür sind schon die platonischen Dialoge, die ausgehen von der Alltagssprache, dann aber weiterschreiten, sie kritisch transzendieren. Es ist sinnvoll, ja in gewissem Sinn notwendig, sich zunächst zu fragen: was weiß davon die Sprache? Dann aber muß dies Wissen der Sprache kritisiert werden, denn die Sprache ist, nach einem schönen Ausdruck Benedetto Croces (einer meiner Lehrer, Eugenio Coseriu, zitiert ihn oft), eine »Wissenschaft im Zustand der Morgendämmerung«, *scienza aurorale*. Erkenntnis ist immer auch Überwindung der Sprache, der Alltagssprache, auch der gebildeten Gemeinsprache, der »Idole des Markts«.

Daß es wichtig sei, die Dinge beim Namen zu nennen, bei dem ihnen zukommenden Namen, daß man etwas nicht *so* nennen sollte, was eigentlich, wenn es mit rechten Dingen zuginge, *so* genannt werden müßte, ist ein sprachkritisches Motiv, das sich früh findet. An einer Stelle seines *Peloponnesischen Krieges* schreibt Thukydides: »Sie veränderten sogar, um sich zu rechtfertigen, die übliche Bedeutung der Wörter. Unüberlegte Kühnheit wurde als Treue zur eigenen Partei betrachtet, kluges Zögern als Feigheit, Mäßigung galt als Bemäntelung unmännlicher Schwäche, und die Dinge durchschauen hieß Nichtstun. Umgekehrt wurde unvernünftige Heftigkeit als etwas bei einem Mann Unabdingbares betrachtet, und das Ergreifen von Vorsichtsmaßnahmen gegenüber dem Feind galt als bloßer Vorwand, sich der Gefahr zu entziehen.« Ein anderes Beispiel: Sallust läßt in der *Verschwörung des Catilina* Cato vor dem Senat sagen: »Leider sind uns schon längst die wahren Wörter für die Dinge abhanden gekommen, und eben deshalb, weil fremdes Gut verschenken Freigebigkeit heißt und frecher Mut zu bösen Streichen Tapferkeit: deshalb steht der Staat am Rand des Ruins.«

Sprachkritik, Kritik am Verlust der *vera vocabula rerum* im Zusammenhang mit Politik findet sich auch in dem genialen, melancholischen Reißer George Orwells *Nineteen-Eighty-Four.* Es gibt hier die Sprache »Newspeak«, die von fünfzehn Prozent der Bevölkerung Ozeaniens, nämlich von den Parteimitgliedern, nicht aber von den »proles«, gesprochen wird. Sprachlenkung, also, bei der Elite. Die Beispiele sind bekannt: etwa »joycamp« für Konzentrationslager oder »Ministery of Love« für das für Unterdrückung zuständige Ministerium. Zum »Neusprech« gehört auch der »Doppeldenk«, nämlich die Fähigkeit, die man sich erwerben muß, zwei sich widersprechende Aussagen gleichzeitig für wahr zu halten. Den »Doppeldenk« kennzeichnen die drei Wahlsprüche der Partei: »War is Peace, Freedom is Slavery, Ignorance is Strength.« Die Differenz zwischen diesen kontradiktorischen Begriffen findet sich in diesen Wahlsprüchen abgeschafft. Dies ist, von Orwell her gesehen, implizite Sprachkritik: durch die Gleichsetzung dieser Begriffe ergibt sich für das Denken ein Orientierungsverlust, denn gerade solche Begriffe vom Typ ›gut‹ und ›böse‹ vermögen es, Klarheit zu schaffen. In ähnliche Richtung geht ja auch das berühmte »Fair is foul and foul is fair: Hover through the fog and filthy air« der drei Hexen zu Beginn von *Macbeth.* In der Tat: intellektuell und moralisch »filthy air«. Bei dem letzten der drei Wahlsprüche, »Ignorance is Strength«, handelt es sich nicht um kontradiktorische Begriffe, denn Dummheit ist nicht das kontradiktorische Gegenteil von Stärke; hier geht es um die Negierung des normalerweise Implizierten, und hier wird gerade jener berühmte Satz Bacons, demzufolge Wissen Macht sei (*nam et ipsa scientia potestas est*), negiert. Insofern ist dieser Satz Anti-Aufklärung par excellence.

Sprachbesitz und Sprachäußerung

Wenn es um die möglichen Ausprägungen und Richtungen der Sprachkritik geht, ist zu unterscheiden zwischen Sprachäußerung und Sprachbesitz. Diese Unterscheidung der Linguistik ist, wie sich häufig zeigt, für den Außenstehenden schwierig; sie ist auch innerhalb des Fachs nicht ganz geklärt. Sprachbesitz und Sprachäußerung sind die beiden – fundamental verschiedenen – Formen, in denen das Sprachliche erscheint. Radikaler gesagt: das Sprachliche kommt überhaupt, realiter, nur vor *entweder* als Sprachbesitz *oder* als Sprachäußerung. Der Sprachbesitz ist der historisch gewordene sprachliche Besitz einer Gemeinschaft, an der ihre einzelnen Glieder, mit Unterschieden, partizipieren. Genauer: der Sprachbesitz ist eigentlich immer nur der eines individuellen Subjekts; was vorliegt (und dann die sprachliche Verständigung ermöglicht), ist eben dies, daß eine mehr oder weniger große Zahl *verschiedener* Individuen, die insgesamt die sogenannte Sprachgemeinschaft ausmachen, mehr oder weniger über *denselben* sprachlichen Besitz verfügen oder – so kann man es auch sehen – von ihm verfügt werden (man beherrscht eine Sprache nicht, wie man ein technisches Gerät oder auch ein Musikinstrument beherrscht). Der Sprachbesitz ist also das – so hat sich ein nordamerikanischer Sprachpsychologe, Dan I. Slobin, ebenso einfach wie drastisch ausgedrückt –, »was wir in unseren Köpfen mit herumtragen« (*what we carry around with us in our heads*). Nebenbei (aber dies gehört zum Thema »Sprachkritik«): zu einer solch schlichten, ja beinahe kindlichen Ausdrucksweise würde sich ein deutscher Gelehrter weniger leicht verstehen ... Also Sprachbesitz: das, was wir sprachlich, als Potenz des Sprechens und Verstehens, in uns haben, auch wenn wir nicht sprechen und von jener Potenz keinen Gebrauch machen. Der so verstandene Sprachbesitz ist das eigentliche Objekt der nicht historisch konzipierten, also ›synchronischen‹, wie seit Saussure der Terminus lautet, Sprachwissenschaft. Die Sprachäußerung hingegen ist der konkrete, einzelne Gebrauch, den ein Individuum von diesem Besitz, über den es verfügt, in einer jeweils so und so bestimmten Situation macht. Sprachäußerung ist also aktualisierter, nach außen getragener, exteriorisierter Sprachbesitz. Eine solche Äußerung – es ist wichtig, dies zu sehen – ist dann nie *nur* sprachlich; sie ist die Verbindung von Sprachlichem mit einem bestimmten Inhalt, dessen Vehikel das Sprachliche ist. Nichtsprachliches, also, im Medium des Sprachlichen. Im übrigen ist auch die Sprachäußerung nichts in sich selbst Ruhendes; sie ist verbunden, gerade auch, was ihren Inhalt angeht, mit der bestimmten Situation, aus der heraus und in die hinein gesprochen wird.

Natürlich besteht zwischen Sprachbesitz und Sprachäußerung, so verschieden sie sind, ein engster Zusammenhang: Sprachäußerung setzt Sprachbesitz voraus; wer über Sprachbesitz nicht verfügt, kann sich nicht sprachlich äußern; andererseits setzt umgekehrt – genetisch betrachtet – Sprachbesitz Sprachäußerung voraus: der Sprachbesitz wird ja in der frühen Kindheit, von außen her, durch Sprachäußerungen, in uns gleichsam hineingeredet; Sprachbesitz ist also, genetisch, nichts anderes als internalisierte Sprachäußerung. Sprachbesitz und Sprachäußerung sind also Verschiedenes, aber doch eng Zusammenhängendes, sich gegenseitig Bedingendes. Diese Unterscheidung entspricht in groben Zügen der Saussures, also des Begründers der neueren Sprachwissenschaft, zwischen *langue* und *parole* und der Chomskys zwischen *competence* und *performance*.

Kritik am Sprachbesitz

Ein Sprachbesitz kann unter zwei Aspekten kritisiert werden. Erstens unter dem Gesichtspunkt der Wahrheit, der Wahrheitsfindung und Wahrheitsvermittlung, denn der dem Suchenden zur Verfügung stehende Sprachbesitz wird gebraucht, um Wahrheit zu finden und um gefundene Wahrheit anderen darzulegen; Sprache, also, als Instrument der Erkenntnis. Zweitens kann ein Sprachbesitz kritisiert werden unter dem Gesichtspunkt seiner kommunikativen Absicht, denn Sprache, was immer sie sein mag – und was sie sei, ist noch nicht ausgemacht (die

Sprache ist die Sprache ist die Sprache) –, hat jedenfalls mit Kommunikation viel zu schaffen, wenn sich auch, anthropologisch gesehen, was der Sprachbesitz leistet, keineswegs in ihr erschöpft; Sprache also, als Mittel der Kommunikation.

Beim Gesichtspunkt Sprache als Instrument der Erkenntnis handelt es sich um die philosophisch-erkenntnistheoretische Sprachkritik, wie wir sie in der Philosophie von Platon an finden. Gewisse sprachkritische Fragestellungen waren bereits für Platon traditionell. Wichtig war hier ohne Zweifel der Beitrag der Sophistik. Sokrates, im gewissen Sinn ja selbst Sophist, dann Platon, haben diese Sprachkritik aufgegriffen. Sprachkritik unter dem Gesichtspunkt der Erkenntnis findet sich auch in der Scholastik, dann in der Philosophie der englischen, französischen und deutschen Aufklärung, etwa bei Leibniz und Lichtenberg. Sie fehlt auch nicht in der Philosophie des deutschen Idealismus; aber dies Thema bleibt in ihr peripher. Dies zeigt sich bereits bei Kant. Es ist, finde ich, besonders bedauerlich, daß gerade Kant dem Problem der Sprache kein Interesse abgewonnen hat. Übrigens gilt dies schon für den Begründer der neuzeitlichen Philosophie, Descartes, der, von einem stark antihumanistischen Affekt bestimmt, dies Thema, in einem interessanten und kühnen Passus seines *Discours de la méthode*, beiseite schob. Erst in der Philosophie der Gegenwart ist dies Thema, bisher ein Randthema, ins Zentrum gerückt. Und zwar gilt dies für ganz verschiedene philosophische Richtungen, so verschieden, daß sie sich gegenseitig ignorieren. Ich nenne exemplarisch drei Namen: Carnap, Heidegger, Wittgenstein. Die Bedeutung des Sprachthemas kündigt sich, wie so vieles, übrigens schon im Werk Nietzsches an. In seiner Schrift *Zur Problemlage der Philosophie* von 1975 nennt Helmut Fahrenbach drei »Schlüsselthemen gegenwärtiger Philosophie«: Sprache, Praxis, Zukunft. Er erklärt: »Am eindeutigsten und überzeugendsten ist sicher die Schlüsselstellung des Sprachthemas in der gegenwärtigen Philosophie. [...] Man hat darum mit einem gewissen Recht gesagt, daß die Sprachphilosophie – nicht im Sinne einer besonderen philosophischen Disziplin, sondern als (methodisch-sachliche) Grundlagenreflexion – die ›prima philosophia‹ der Gegenwart darstelle, sofern sie in den traditionell der Ontologie und dann der Bewußtseins- bzw. Erkenntnistheorie zugesprochenen Rang eingerückt sei und Erkenntniskritik heute primär als Sprachkritik realisiert werde.« Ich breche diese äußerst summarischen Hinweise ab und hebe nur bedauernd hervor, daß die philosophische Sprachkritik bisher so gut wie gar nicht aufgearbeitet und historisch systematisiert wurde: ein dringendes Desideratum.

Die philosophisch-erkenntnistheoretische Sprachkritik richtet sich zumeist auf die universellen Züge der Sprache, diejenigen also, die prinzipiell zur Sprache, zu ihrem ›Wesen‹, gehören. Anders die Sprachkritik im Blick auf die kommunikative Funktion: diese Sprachkritik ist praxisorientiert und hat unvermeidlich einen vergleichenden, einen kontrastiven Zug, indem hier zwei oder mehrere Sprachen miteinander verglichen werden. Ein einfaches und einleuchtendes Beispiel sind die ungeschickt angelegten Zahlwörter des Deutschen: *einundsechzig* gegenüber Englisch *sixty one*, Französisch *soixante et un*, Italienisch *sessantuno*, Spanisch *sesenta y uno*, Russisch *schjestdjesjat odin*. Wir haben hier im Deutschen dadurch, daß die Einerzahlen *vor* den Zehnerzahlen genannt werden, ein unpraktisches, in nicht wenigen Situationen hinderliches oder lästiges Auseinanderfallen der Reihenfolge zwischen geschriebener und gesprochener Sprache (Telefonnummern!). Man könnte sich, unter diesem Gesichtspunkt, etwa auch fragen, was das grammatische Genus funktional erbringt; konkret: gibt es in dieser Hinsicht einen Unterschied zwischen dem Deutschen, das drei Genera hat, dem Französischen, das, wie nahezu alle romanischen Sprachen, nur über zwei verfügt, und dem Englischen, das eine Genusdifferenzierung gar nicht kennt? Andere Frage: was erbringt die so reich ausgebildete Wortkomposition im Deutschen und Englischen gegenüber den sehr viel beschränkteren Möglichkeiten der romanischen Sprachen (also etwa: ›Jagdhund‹ gegenüber ›chien de chasse‹)? Oder: was erbringt die Aspektdifferenzierung an der sogenannten Präteritumsstelle in den romanischen Sprachen gegenüber dem Deutschen, dem eine solche Aspektdifferenzierung fehlt? Im Deutschen sagt man undifferenziert *er sang*, während man sich etwa im Französischen ständig entscheiden muß zwischen *il chantait* einerseits, *il chanta* oder (in der gesprochenen Sprache) *il a chanté* andererseits, und wir bewundern das zehnjährige französische Kind, das die vertrakten Kriterien dieser Unterscheidung mühelos beherrscht. Die sprachkritische Frage wäre aber: erbringt diese Unterscheidung dem Französischen gegenüber dem Deutschen einen Reichtum, kann das Französische aufgrund dieser Unterscheidung genauer sprechen, oder ist sie funktional unerheblich, und ist es nicht vielmehr so, daß sich, einem berühmten Satz Roman Jakobsons zufolge, die einzelnen Sprachen nicht so sehr dadurch unterscheiden, daß sie Verschiedenes sagen *können*, sondern dadurch, daß sie Verschiedenes sagen *müssen*? Diese Art von Sprachkritik, die eher einer objektivierenden Betrachtung zugänglich ist, wird leider von der Sprachwissenschaft, die hier zuständig wäre, wenig betrieben. Die Sprachwissenschaftler sind gegenüber solcher Betrachtungsweise wenig aufgeschlossen, weil sie davon ausgehen, daß in jeder Sprache mit Notwendigkeit alles eben so sein muß, wie es *ist*. Sie haben, insbesondere in bezug auf ihre jeweilige Muttersprache, eine apologetische Tendenz. Sie sind hierin fast alle wie Meister Pangloss in Voltaires *Candide*: »il est démontré, disait-il, que les choses ne peuvent être autrement . . .« Davon nachher.

Kritik an Sprachäußerungen

Sprachäußerungen können in drei verschiedenen Hinsichten kritisiert werden: inhaltlich, formal, schließlich speziell sprachlich. Also etwa: was du sagst, stimmt nicht, oder formal: mir gefällt die Ironie nicht in dem, was du sagst; oder sprachlich: du gebrauchst zuviele Fremdwörter. Hier kann es natürlich nur um den letzteren Gesichtspunkt gehen. Es gibt, was die sprachliche Kritik an Äußerungen betrifft, verschiedene denkbare und sinnvolle Kriterien: Richtigkeit, Reinheit, Schönheit, Eigenprägung, Angemessenheit, Moral. Die Liste ist möglicherweise nicht vollständig. Gehen wir sie kurz durch!

Erstens: Richtigkeit. Hier geht es um Grammatik, aber auch um den korrekten Gebrauch einzelner Wörter. In der deutschen Bildungssprache haben wir sogar, seit Joachim Heinrich Campe, eine spezifische Bezeichnung für die hier maßgebende Instanz: »Sprachgefühl«. Diese Instanz ist aber nichts spezifisch Deutsches, sondern gehört zum Sprachbesitz prinzipiell. Dies hat namentlich Chomsky zu Recht herausgestellt: zur Kompetenz gehöre, lehrt er, auch die Fähigkeit, vorgelegte Sätze als korrekt oder inkorrekt zu beurteilen, auch wenn diese Urteile in aller Regel nicht begründet werden können. Vom Sprachgefühl habe ich, zusammen mit Wulf Oesterreicher, an anderer Stelle gesprochen (*Sprachgefühl?*, Heidelberg 1982).

Zweitens: Sprachkritik unter dem Gesichtspunkt der Reinheit, das Kriterium in seinem engeren, speziell deutschen Sinn genommen; also: nur solche Wörter und Wendungen, die zu dem als deutsch empfundenen Sprachbesitz gehören, obwohl da, etymologisch gesehen, außerordentlich viel Fremdes ist. Ich will diesem sprachkritischen Gesichtspunkt, der möglich und faktisch verbreitet ist, sein beschränktes Recht nicht absprechen; vor allem nicht, wenn es um die Verständlichkeit des Sprechens und Schreibens geht. Vorbildlich in dieser Hinsicht war übrigens, im politischen Bereich, der frühere Bundeskanzler Helmut Schmidt, der einerseits das Fremdwort gern gebrauchte, danach aber, in

Fernseh-Interviews und öffentlichen Reden, oft eine Übersetzung hinzufügte. Also etwa: »Wir brauchen Sensibilität auch für unsere östlichen Nachbarn, *Einfühlsamkeit* ...«

In einer Hinsicht zumindest plädiere ich für Offenheit, für aufmerksame Toleranz, nämlich gegenüber bestimmten Eindeutschungen. Ich weiß natürlich, daß ›Sinn machen‹ und ›Liebe machen‹ sowohl englisch als auch französisch sind. Aber es gibt, vom Deutschen her gesehen, nichts, das einen dazu zwänge, die Wendung »das macht keinen Sinn« abzuweisen. Also ich frage, und zwar auch, was ›Liebe machen‹ angeht: warum eigentlich nicht? Warum soll man sich sprachlich abschotten? Es ist dies ein Akt der Einbürgerung, für den es zahlreiche Beispiele gibt. Irritiert ist man ja eigentlich nur, weil man die fremde Vorlage kennt. Man braucht ja nicht so weit zu gehen wie der Erzähler von Thomas Manns *Erwähltem*, der mittelalterliche Mönch Clemens, der amerikanisch »Fallzeit« sagt statt ›Herbst‹ und »an der anderen Hand gerechnet« und an einer Stelle von einem »sossigen Kerl« *(a saucy chap)* spricht. Ich zögere, wenn ich in Richard Huelsenbecks Autobiographie lese: »Bruce war ein sehr intelligenter und gebildeter Mensch, seine Ehrgeize gingen weit über die Ranch hinaus (eine große Schwäche des Deutschen: das Fehlen von Pluralia bei zahlreichen Abstrakta; nicht einmal ›Liebe‹ kann in den Plural gesetzt werden!). Ich habe aber eigentlich nichts gegen die (wohl unbewußte) Emigranteneindeutschung: »Tom machte einen Freund [...], mit dem er bis auf den heutigen Tag verbunden ist.« Aber gut, und wiederum angelsächsisch gesagt: ich würde darauf nicht insistieren ...

In einer anderen Hinsicht plädiere ich für Strenge. Wenn man ein Fremdwort gebraucht, sollte man es so gebrauchen wie in der fremden Sprache. Das Wort ›Dilemma‹ zum Beispiel ist ein Bildungswort; man braucht es nicht zu verwenden. Es ist aber Unfug, ein Bildungsunfug, das Wort für *jede* Art von Problem oder Schwierigkeit zu verwenden, also auch dann, wenn eine Wahl zwischen zwei unangenehmen Möglichkeiten gar nicht vorliegt. Ich halte es auch für abwegig, von einer Wahl »zwischen zwei Alternativen« zu sprechen, es sei denn, es handle sich um *vier* Möglichkeiten ...

Abschließend zum Kriterium Reinheit: die Erregung über das Eindringen des Englischen teile ich weniger. Äußerst bedenklich jedoch – davon wird leider wenig gesprochen – ist der Rückgang des Deutschen überhaupt in der Sprache der *Wissenschaft*. Hier müßte dringend – und zwar, finde ich, auch offiziell – etwas geschehen.

Das Kriterium der sprachlichen Schönheit ist schwer zu fassen; es kann nicht objektiviert werden, und es ist problematisch. Es gibt unangemessene Schönheit. Natürlich ist dies Kriterium keineswegs identisch mit dem des Stils. Dieser betrifft ebensowohl – und in weit höherem Maß –, was ich ›Eigenprägung‹ nennen möchte, also dies, daß eine sprachliche Äußerung das Gepräge dessen trägt, von dem sie stammt. Hierzu – anekdotenhaft, aber erhellend – eine Äußerung aus einem der allerersten Briefe von Sigmund Freud. Am 16. Juli 1873 schreibt der Siebzehnjährige an den Freund Emil Fluss (er berichtet über seine gerade abgelegte ›Matura‹): »Mit Ausgezeichnet endlich stempelte man mir die deutsche Arbeit. Es war ein hochsittliches Thema ›Über die Rücksichten bei der Wahl des Berufes‹, und ich schrieb ungefähr dasselbe hin, das ich vor zwei Wochen an Sie geschrieben hatte, ohne daß Sie mir dafür ein Ausgezeichnet bestätigt hätten. Mein Professor sagte mir zugleich – und er ist der erste Mensch, der sich untersteht, mir das zu sagen –, daß ich hätte, was Herder so schön einen idiotischen Stil nennt, das ist ein Stil, der zugleich korrekt und charakteristisch ist [...].« Darum – Freuds offensichtlich ausgezeichneter Deutschlehrer hatte, nicht nur in bezug auf seinen Schüler, durchaus recht – geht es in der Tat: um die Verbindung von Korrektheit mit Eigenprägung. Die Schwierigkeit der Kategorie des Stils zeigt sich auch hier: sie liegt quer zu den übrigen. Stil ist ein komplexes, aus Verschiedenartigem zusammengesetztes Phänomen. Und vor allem: er ist nicht ausschließlich – und vielleicht nicht einmal primär – ein *sprachliches* Phänomen.

Als sprachkritischen Gesichtspunkt nannte ich fünftens den der Angemessenheit. Ich meine damit, daß das Sprachliche nicht überschüssig sein sollte über das Gesagte hinaus. Es sollen, um eine treffende Wendung unserer Sprache aufzugreifen, keine ›Worte gemacht‹ werden. Dies wäre Rhetorik im schlechten Sinn. Unter ›Rhetorik‹ (ich wende mich ein wenig gegen die neuerliche exzessive Aufwertung dieses Begriffs) kann man die Erscheinung verstehen, daß die Rede- und Schreibweise, daß ihre sprachlichen Mittel *überschüssig* sind über das, was gesagt werden soll, und auch über den emotionalen Impuls hinaus, der das Gesagte oder Geschriebene bedingt: eine Art Verselbständigung, also, des Sprachlichen. Gewiß ist dies nicht der einzig mögliche Begriff von ›Rhetorik‹, aber es ist ein nützlicher und notwendiger Begriff, weil es diese Erscheinung, Überschüssigkeit des Sprachlichen, tatsächlich gibt. In diesem Sinn erklärt – sehr kategorisch – Ortega y Gasset, der etwas davon verstand: »Wem es gelingt, ohne Rhetorik zu schreiben, ist ein großer Schriftsteller: tertium non datur [...]«, und er fährt fort: »Jeder ausdruckslose Stil oder jedes ausdruckslose Stilelement sind Rhetorik. Wenn die Wörter oder die Wendungen nicht *ausschließlich* der Notwendigkeit gehorchen, einen Gedanken, ein Bild oder ein Gefühl, die in der Seele des Autors lebendig gegenwärtig sind, wiederzugeben, dann bleiben sie wie tote Materie und sind die Negation des Ästhetischen« (Ideas sobre Pió Baroja, in: *El Espectador*).

Es wäre in diesem Zusammenhang auf eine Erscheinung hinzuweisen, die ich mit ›Wissenschaft als Stil‹ bezeichnet habe: sie besteht darin, daß in einer Reihe von Disziplinen die Rede- und Schreibweise, der Diskurs, wie es jetzt heißt, eine Art Eigenleben gewinnen. Die Sprechweise ist da zunehmend durch sich selbst, durch den Willen zu sich selbst, durch den Willen also zu einem bestimmten Stil, geleitet. Eben dies meine ich mit ›Wissenschaft als Stil‹. Freilich ist dies nicht eigentlich Sprachkritik, es geht hier ja um das Inhaltliche selbst. Zu kritisieren ist hier die fortschreitende Idiomatisierung dieses Inhaltlichen, seine Auflösung in Sprechweise, in Diskurs, in Stil ... In der Tat ist heute vielfach zu beobachten, daß der für die Wissenschaft konstitutive Wille, die Sache zu sagen, wie sie ist, zunehmend überwuchert wird von dem Willen zu spezifischer Sprechweise. Es kommt so in der Tat zur phantastischen Möglichkeit einer Wissenschaft, die sich ihrer Sache entledigt hat, sich nur noch – *incurvata in se ipsam* – um sich selbst, um ihr Sprechen, kümmert und so wahrhaft frei geworden ist ...

Das sechste und letzte der genannten Kriterien, das der ›Moral‹ einer Sprachäußerung, ist von den übrigen verschieden, insofern es stärker zum Inhaltlichen der Äußerung tendiert. Das Moralische einer Sprachäußerung hat in erster Linie mit ihrer Wahrheit, genauer: ihrer Wahrhaftigkeit zu schaffen (da besteht ein Zusammenhang mit der philosophisch orientierten Kritik am Sprachbesitz). Hierher gehört zum Beispiel die Frage der falschen, der unwahren Wörter. Diese Frage betrifft zwei verschiedene Erscheinungen: erstens die – im Sinne des Wahrheitswillens zu beanstandende – in bestimmten Zusammenhängen konstant falsche *Verwendung* von Wörtern; zweitens aber können Wörter, möglicherweise, schon als Elemente des Sprachbesitzes, also *vor* jeder Verwendung, unwahr sein (womit wir wieder beim Sprachbesitz sind). Das Diktum *In verbis simus faciles*, das einiges für sich hat, kann nicht immer gelten. Karl Jaspers sagt zu Recht (und seine Formulierung ist vorsichtig genug): »Es ist keineswegs gleichgültig, wie man die Sachen nennt [...]. Der Name schon bringt eine Auffassungstendenz mit sich, kann glücklich treffen oder in die Irre führen.« Ich will dies Thema, in meiner Antwort auf die Frage, was mich stört, aufzugreifen suchen. Hier soll, abschließend, noch ein Hinweis folgen zum Verhältnis (oder ›Unverhältnis‹) von Sprachkritik und Sprachwissenschaft.

Sprachkritik und Sprachwissenschaft

Die Sprachwissenschaft ist eine Disziplin, die sich nicht auszeichnet durch Praxisrelevanz. Sie interessiert sich nicht für die gestaltende Veränderung des Stücks Wirklichkeit, das sie sich zum Gegenstand gesetzt hat. Sie will wissen, was ist. Genauer: sie will wissen, was ist, was war, warum etwas ist, warum etwas war, warum etwas wurde, wie es ist. Also die Frage nach dem Wie und die nach dem Warum. Es ist jedoch sogleich hinzuzufügen, daß die Sprachwissenschaft weder innerhalb der historischen noch der nichthistorischen (synchronischen) Blickrichtung mit der Warum-Frage weit kommt. Im wesentlichen bleibt sie eine beschreibende Disziplin. »Sie läßt alles, wie es ist«: dieser Satz Wittgensteins, von der Philosophie (*seiner* Philosophie) gesagt, gilt für die Sprachwissenschaft. Übrigens gibt es keinen Anlaß, eine Disziplin gering zu schätzen, wenn sie sich beschränkt auf die Beschreibung dessen, was ist. Zu erkennen, was ist, im Blick auf einen so bedeutsamen Gegenstand wie die Sprache des Menschen – die Sprache ist ja, nach einer alten Kunde, was ihn zum Menschen macht, seine spezifische Differenz –, ist nichts Geringes.

Wie verhält sich die Sprachwissenschaft zur Sprachkritik? Faktisch verhält sie sich gar nicht zu ihr, wenngleich neuerdings ein gewisser Wandel einzutreten scheint (er wird auch in Günther Drosdowskis Beitrag in diesem Bande deutlich). »Die Sprachwissenschaft«, erklärt 1962 Peter von Polenz, »hat sich von der Sprachpflege und Sprachkritik meist ferngehalten, weil sie aus methodologischen Gründen jede subjektive Wertung ihres Forschungsobjekts scheut«. Derselbe Sprachwissenschaftler sagt dann aber auch, ein Jahr später: »Fehler und Fehlentwicklungen gibt es in der Sprache [...] nicht«; Neuerungen, die sich durchsetzen, argumentiert er, entsprechen stets »einem allgemeinen Bedürfnis«. Frage: impliziert dieser Standpunkt (»was wirklich ist, das ist vernünftig«) nicht auch Wertung? Abgesehen davon, daß ja ein »allgemeines Bedürfnis« nicht in jedem Fall berechtigt zu sein braucht. Die apologetische Tendenz der Sprachwissenschaft im Blick auf die jeweils untersuchte Sprache ist in der Tat bemerkenswert. Es wird immer gerechtfertigt, immer liegt der Sprachwissenschaftler vor seinem Objekt auf den Knien: entweder vom Volksgeist her, oder von der Struktur oder von den Bedürfnissen und dem sozialen Zweck her. Immer kann, was so und so ist, gar nicht anders sein als so und so. Hier kritisiere ich die Sprachwissenschaft, eben weil sie wertet und sich dies Werten nicht zu Bewußtsein bringt. Die Sprachwissenschaft sollte sagen, was ist. Ihre

Frage lautet: wie ist X? Die Sprachkritik stellt diese Frage auch, dann aber die zusätzliche: wie sollte X sein? Und diese Frage impliziert auch: wie sollte X *nicht* sein? Bei der Sprachkritik geht es nicht um das Sein, sondern um Wünschbarkeit, und zwar, vernünftigerweise, um *reale* Wünschbarkeit. Hier sollten die Dinge, scheint mir, nicht vermischt werden. In der Sprachwissenschaft sollte nicht gewertet, auch nicht im Sinne der Rechtfertigung des jeweils Vorliegenden, sondern in der Tat nur beschrieben und erklärt werden. Der Sprachwissenschaftler sollte – als Sprachwissenschaftler – nicht werten. Im übrigen: nichts, gar nichts gegen Wertung! Es soll nur, meine ich, der prinzipielle Unterschied zwischen Sprachwissenschaft und Sprachkritik nicht verwischt werden. Der Sprachwissenschaftler kann ja auch, jedenfalls von seiner *Wissenschaft* her, keine Kriterien für Bewertung begründen; solche Kriterien sind wissenschaftlich nicht herleitbar. Es geht ja bei der Bewertung um das Wollen. Zudem bestünde die Gefahr einer Täuschung des Außenstehenden: der Sprachwissenschaftler käme bei seinen Wertungen faktisch von außerwissenschaftlichen Voraussetzungen her, eben weil diese Wertungen wissenschaftlich nicht begründbar sind, und träte doch, nach außen hin, mit dem Gewicht des wissenschaftlichen Spezialisten auf. Stellt sich hier nicht auch das Problem der Redlichkeit?

Eines jedoch steht außer Zweifel: die Sprachkritik, die notwendig ist, wird um so verläßlicher, um so rationaler, je mehr sie durchschaut, was *ist*. Das Ideal wäre also eine durch die Sprachwissenschaft beratene Sprachkritik; Sprachwissenschaft als Fundament der Sprachkritik. Zutreffende Wertung setzt zutreffende Beschreibung im Sinne einer neutralen Bestandsaufnahme voraus. Zusammenfassend: die Sprachwissenschaft sollte nicht werten, mehr noch: sie sollte den unterschwelligen Wertungen, die ihr unterlaufen, auf den Leib rücken; andererseits ist Wertung – außerhalb der Sprachwissenschaft – nicht nur nicht unerlaubt, sondern gefordert. Wir brauchen Sprachkritik. Jeder bewußte Sprachteilhaber ist zu ihr aufgerufen. Jeder sollte sich gegenüber seiner Sprache, gegenüber dem Gebrauch, der von ihr gemacht wird, kritisch verhalten. Und da immer wieder, linguistischerseits und auch publizistisch, mit dem charakteristischen Unterton von den »selbsternannten Sprachkritikern« die Rede ist, die statt zu reden, wie man halt gerade redet, weil sie sich gestört fühlen, kritisieren, möchte ich einmal sagen: jeder darf sich selbst – *motu proprio* – zum Sprachkritiker ernennen! Freilich muß sich seinerseits der Kritiker kritisieren lassen. Schließlich: es geht bei der Sprachkritik – auch dies wird ja oft eingewandt – nicht darum, irgend jemandem Vorschriften zu machen oder irgend etwas zu verbieten. Man kann unter demokratischen Verhältnissen sprachlich (von Injurien abgesehen) niemandem etwas vorschreiben oder verbieten. Aber man kann kritisieren. Gegebenenfalls muß man anprangern. Oder, frei nach Wittgenstein: Worüber man nicht schweigen kann, davon muß man sprechen. Wir brauchen für unsere Sprache kritische Sensibilität: Einfühlsamkeit.

Reaktionen

Walter Helmut Fritz
(Was mich stört)

. . . daß wir, mit Worten umgehend, um ihrer
Glaubwürdigkeit willen, nicht genug zögern

die Hemmnisse zu schnell aus dem Weg räumen,
die für sie gut wären

die Nebengeräusche nicht löschen, durch die
sich ihre Klarheit verringert

sie oft etwas verdunkeln, anstatt es ans
Licht zu bringen

wenig immun sind gegen Zumutungen, Zynismus,
Lüge, Getöse, Geschrei

Grenzen entstehen lassen, wo es darum ginge,
Wachheit und Phantasie zu stärken

durch ihren Mißbrauch, Gedankenlosigkeit,
Bluffen, Auftrumpfen zu einem Zerrspiegel werden

wir nicht verhindern, daß sich oft gerade das,
worauf es uns ankommt, aus ihnen davonmacht

wir nicht begriffsstutzig genug sind, deshalb
Trug, Notruf, Wahnwitz ungenügend verstehen.

Dolf Sternberger
Die öffentliche Schnödigkeit

I

Es gibt vieles, was mich an dem gegenwärtigen deutschen Sprachgebrauch stört – und nicht bloß stört, sondern ärgert, quält, in Zorn und wiederum in tiefe Resignation versetzt. Die Liste dieser Erscheinungen reicht von einzelnen Vokabeln bis zur Sprechgesinnung. Ohnmächtig sehe ich seit Jahren – um ein auffälliges, ja das schockierendste Beispiel einer Vokabel-Epidemie anzuführen – der fortschreitenden Ausbreitung jenes Wortes zu, das schon seit dem *Wörterbuch des Unmenschen* (in der ersten Fassung, von 1945/46) einen exemplarischen Gegenstand der Sprachkritik gebildet hat: der ›Betreuung‹. Damals wurde das Phänomen charakterisiert als »diejenige Art von Terror, für die der Jemand – der Betreute – Dank schuldet«. Zwanzig Jahre später, in einer neuen Ausgabe, hieß es: »Der Betreuer geht daran, freie und für gleich geachtete Personen in [. . .] Abhängigkeit zu versetzen und sie darin zu erhalten.« Heute, abermals knapp zwanzig Jahre später, hat das unmenschliche Wort immer weitere Bezirke des gesellschaftlichen Lebens erobert und sich zugleich derart festgefressen, daß der durchschnittliche Sprecher es offenbar gar nicht mehr entbehren kann, auch nicht zu umgehen weiß. Wie mit tausend Pfoten greift von allen Seiten ›Betreuung‹ nach uns, und es scheint immer größerer Aufwand an persönlicher Widerstandskraft erfordert, sich diesen Zudringlichkeiten zu entziehen. Der Fall ist einzigartig, die Karriere dieser Vokabel so ungeheuerlich, ihr Siegeszug seit den Anfängen der Diktatur über alle politischen und sozialen Veränderungen hinweg derart hemmungslos fortgeeilt, daß eine umfängliche Untersuchung nötig wäre, die Häufigkeit und die Ausbreitung aufzuzeichnen, die sämtlichen Ecken und Winkel auszuleuchten, worin sie sich festgenistet hat, die Wörter aufzulesen, die sie überrollt, verdrängt und zerquetscht hat, endlich den Gründen nachzuforschen, die sie zu einer eigentlichen Kennmarke der Epoche haben werden lassen. Ich will es bei diesem Hinweis bewenden lassen.

II

Noch weniger kann ich mich unterfangen, hier der mächtigen Erscheinung der Amerikanismen in Wissenschafts- und Umgangssprache, sowohl der notdürftigen Eindeutschungen – wie ›stoppen‹, ›timen‹, ›jobben‹, ›managen‹ – als auch der terminologischen Übernahmen – wie ›Sozialisation‹, ›Konzeptualisierung‹, ›Akzeptanz‹ und anderer Hilflosigkeiten zumal der Sozialwissenschaften – mit einiger Gründlichkeit nachzugehen. Im Angesicht der enormen Veränderungen, welchen das gegenwärtige Deutsch ausgesetzt war und ist oder welchen die deutschen Sprecher sich massenweise unterworfen haben und weiterhin unterwerfen, erhebt sich die große und schwierige Frage, ob sich eine Grenzlinie bestimmen läßt zwischen der natürlichen und zuträglichen Aneignung fremder Sprachgebräuche auf der einen, wesenloser Nachahmung auf der anderen Seite. Es wäre die Grenze, wo der Mensch – in unserem Fall der deutsche Mensch – sprachlich zu einer Art Papagei entartet. Man hat zuweilen den Eindruck, daß diese Grenze bei uns in der Tat überschritten sei oder daß sich große Teile der Sprachgesellschaft zeitweise hart an dieser Grenze entlangbewegen.

Dieser Eindruck drängt sich übrigens nicht nur in Hinsicht auf die geschwinden, teils begierigen, teils ohnmächtigen Entlehnungen aus anderen Sprachen, heute vor allem aus dem Amerikanischen, auf; es steht kaum anders im Hinblick auf die gewöhnliche deutsche Gemeinsprache selbst. Wie ein Virus hat sich, um nur ein einziges, freilich drastisches Beispiel zu nennen, das ›Ausgehen von‹ ausgebreitet, gewiß in hohem Maß befördert durch Rundfunk und Fernsehen. Sprecher von Parteien und Verbänden, so scheint es, haben den Anfang gemacht, und auch heute wird man kaum eine Nachrichtensendung hören, ohne daß man erfährt, wovon der und jener Minister, Funktionär oder Abgeordnete gerade ›ausgeht‹, wenn er etwa gefragt wird, wie er die Aussichten seiner Organisation oder seines Programms beurteile. In neun von zehn Fällen beginnt der Befragte seine Antwort mit der Wendung: »Wir gehen davon aus, daß ...« Die schönen, allerdings bescheideneren Geistestätigkeiten des ›Annehmens‹, ›Vermutens‹, ›Erwartens‹, ›Fürchtens‹ und ›Hoffens‹ scheinen dem Untergang verfallen. Längst hat diese Epidemie aber auch den alltäglichen Sprachgebrauch der Passanten und Konsumenten ergriffen, das Geplapper und Gepluster dringt ins Privatleben, ins persönliche Gespräch ein.

Der kühle Linguist mag mir einwenden, es habe immer schon Modewörter gegeben, die kämen auf, regierten eine Zeitlang und vergingen am

Ende auch wieder. Das mag sein. Es bliebe vergleichend zu untersuchen, in welchen Fristen, mit welchem Grad der Geschwindigkeit und in welcher Breite sich dergleichen Prozesse in verschiedenen Epochen vollzogen haben, und wie gefräßig diese Wörter jeweils waren, wie viele und welche bedeutungsverwandte Konkurrenten sie verschlungen haben. Vor allem bleibt, ungeachtet der möglichen Universalität von Sprach- und Wortmoden, der akute Effekt beklagenswert, daß jeweils ein ganzes breites Band von einander nahen, aber fein unterscheidenden Ausdrücken gleichsam zusammenschnurrt, und nur noch dieser eine ›Mode‹-Ausdruck das Feld beherrscht. Jeder Sprecher will da mit von der Partie sein, kaum einer will sich lumpen, sich beim Gebrauch unscheinbarer herkömmlicher Worte ertappen lassen. Sprache wie Sprecher scheinen an Charakter zu verlieren, der überlieferte Sprachschatz scheint einzuschrumpfen, die Festigkeit des historischen Sprachzusammenhangs scheint sich zu lockern, die jeweilige Wortbedeutung scheint daher an Tiefe wie an Feinheit zu verlieren. Aber das ist erst recht ein großes, mit solchen Bemerkungen nur eben zu berührendes Thema. Es hat seine philosophischen, seine anthropologischen Perspektiven.

Ich will ein begrenzteres Phänomen ins Auge fassen, ich nenne es die öffentliche Schnödigkeit.

III

Die öffentliche Schnödigkeit hat ihr eigenes Vokabular, ihr Wörterbuch. Für sich genommen, also rein lexikalisch betrachtet, sind die Wörter, die darin verzeichnet stehen, zumeist ganz harm- und kunstlos. Zum Beispiel – um nach dem Alphabet vorzugehen – figuriert darin das Verbum ›basteln‹. Das etymologische Wörterbuch von Kluge nennt es ein »verbreitetes Volkswort«, es ist nicht übermäßig alt, in der frühen Neuzeit aufgekommen, Hans Sachs gebraucht es, um die Arbeit des Flickschusters zu bezeichnen. Duden registriert eine alte Bedeutung: »Handwerksarbeit verrichten, ohne einer Zunft anzugehören«. Davon ist offenbar etwas hängen geblieben, denn heute bastelt, wer »sich in der Freizeit mit kleinen Handarbeiten beschäftigt«, oder, zweitens, auch, wer, um etwas zu verbessern, »sich mehr oder weniger geschickt handwerklich oder technisch beschäftigt«. Das klingt herablassend, wenngleich noch wohlwollend. Aber – wie die Linguisten nicht müde werden zu betonen – es kommt auf den ›Kontext‹ an, zu deutsch: auf den Zusammenhang. Wenn uns als Information aus dem diplomatischen Leben mitgeteilt wird, die

Delegationen bei dem oder jenem Gipfeltreffen hätten ein Schlußkommuniqué oder gar einen Vertrag ›gebastelt‹, so hört das Wohlwollen und die Gemütlichkeit auf, denn das ist ein Zeugnis der öffentlichen Schnödigkeit, zu welcher sich freilich – wir können es uns nicht verhehlen – namentlich Reporter und andere Sachwalter der öffentlichen Meinung leicht verführt finden. So wird dieser Vertrag oder dieses Kommuniqué – aus der leichtfertigen Überlegenheit eines Kenners (der doch in Wahrheit nur ein Zuschauer ist) – mit diesem einzigen Wort als hastiges, dilettantisches, »mehr oder weniger geschicktes« Machwerk bespöttelt, der Ernst der verhandelten Sache für nichts geachtet.

Ähnlich verhält es sich mit dem ›Gerangel‹. Im Deutschen Universal-Wörterbuch des Duden ist es dem etwas minderen Niveau des ›umgangssprachlichen‹ Wortgebrauchs zugeordnet, als Synonyme sind ›Balgerei‹ und ›Rauferei‹ aufgeführt. Die figürliche Anwendung auf die Politik, nämlich auf den »Kampf um Positionen, Einflußbereiche oder Ähnliches«, ist dort (1983) schon verzeichnet, aber mit dem ausdrücklichen Vermerk versehen: »abwertend«. Die hochprekären Vorgänge um das Besuchsprogramm des amerikanischen Präsidenten in der Bundesrepublik Deutschland (in den Maitagen 1985, da ich dies niederschreibe), um die Alternative und schließliche Zusammenfügung von Konzentrationslager und deutschem Soldatenfriedhof, um ein protokollarisches Verhandlungsthema von schwierigstem Symbolcharakter, das Regierungen, Parlamente, Völker erregt hat – dergleichen kann man wohl nicht mit der schnöden Vokabel ›Gerangel‹ belegen: und doch ist es geschehen.

Das war wirklich schwarz auf weiß zu lesen. Solche Bildungen wie ›Gerangel‹, ›Geschrei‹, ›Geschwätz‹, ›Gezeter‹ scheinen von Haus aus ein irgendwie regelloses, auch formwidriges Verhalten kenntlich zu machen, die Vorsilbe hat eine unbestimmt umgreifende Funktion, aber sie wischt oder wirft auch weg, was sie derart zusammengerafft hat.

Nicht zu lesen, wohl aber zu hören war bei derselben Gelegenheit die allerschnödeste Wendung, die sich nur finden ließ. Ein Fernsehreporter nannte diese tiefe und schwere Kontroverse, welche seither der unschuldige Ortsname ›Bitburg‹ im Gedächtnis festhält, beiläufig und flott ein »Hickhack«. Solch ein Ausdruck gehört der untersten Stufe von Wortbildung an, einer Region, wo gleichsam eben erst das Lallen überwunden, die erste Artikulation erprobt wird. Man kann kaum angeben, welcher Wortart es zugehört, auch das Geschlecht ist schwankend, Deklination fällt aus. Schon die Verwendung eines derartigen Sprachklumpens hat etwas Verächtliches, jedenfalls Unwürdiges. Dudens Wörterbuch, worin auch dies verzeichnet steht, vermerkt die lautliche Angleichung an das ältere ›Zickzack‹ und umschreibt die Bedeutung mit »nutzlose Streiterei, törichtes, nutzloses Hinundhergerede«. Das mag treffen, tut dem Ding aber fast zu viel Ehre an. Es ist ein bißchen Laut- und Bewegungsmalerei dabei, die Bauart bedient sich der kindlichen – hier eher kindischen – Verdoppelung (wie in ›Wehweh‹ oder ›Eiei‹). Zugrunde liegt gewiß das Hacken, man kann an Hahnenkämpfe oder an die ›Hack-Reihe‹ des Hühnerhofs denken. Doch steht der Verhaltensforscher, der die Hühner beobachtet, außerhalb ihrer Art und oberhalb ihres biologischen Ranges. Der Reporter, wie sehr er sich überheben mag, bleibt allemal unsersgleichen. Es kommt ihm nicht zu, menschlichen Streit ins Tierische zu versetzen, selbst wenn ihn das Streitthema kalt läßt – was es nicht sollte.

Es fällt auf, daß die Stichworte aus dem Wörterbuch der öffentlichen Schnödigkeit, die uns am ehesten in den Sinn kommen, vielfach gerade auf Phänomene der politischen – oder auch rechtlichen – Verhandlungen angewendet werden. Nächst dem ›Basteln‹ und dem ›Gerangel‹ nenne ich beiläufig das ›Mitmischen‹ und ›Mitstricken‹. (Solche verächtlichen, gleichsam mit chronisch verzerrtem Mund geäußerten Kennzeichnungen kommen übrigens durchaus nicht nur in journalistischen Texten vor. Jüngst las ich in einer gelehrten Abhandlung, der Historiker Droysen habe »mitgestrickt« an der nationalen Legende von den Deutschen als den neuen Griechen. Es war wohl polemisch gemeint, nichtsdestoweniger ist es ein Fehlgriff, ja ein Fehltritt.) Die verbreitete Schnödigkeit, mit der man auf Verhandlungen spöttelnd herabblickt – und es waren die Achtundsechziger-Studenten, welche die Beratung der alten Fakultät mit dem plötzlich wiederentdeckten jiddischen, aber judenfeindlichen Spottwort ›Gemauschel‹ zu treffen suchten –, scheint einen habituellen Argwohn gegen Verhandlung ›hinter verschlossenen Türen‹, im Untergrund vielleicht auch einen dezisionistischen Affekt zu verraten – in dem Sinne: besser Tat als Rat.

Ein letztes Beispiel: das ›Platzen‹. Dieser Ausdruck ist, soweit es sich um öffentliche Vorgänge handelt, weithin an die Stelle der älteren metaphorischen Rede vom ›Scheitern‹ getreten. Der Unterschied im assoziativen Gehalt und in der Stimmungslage wird, denke ich, sogleich fühlbar, wenn man dem Wort in einem bedeutenden Zusammenhang begegnet: die amerikanisch-sowjetischen Abrüstungsgespräche seien ›geplatzt‹. Das ›Scheitern‹ führt das Bild der Schiffskatastrophe mit sich, das ›Platzen‹ läßt nur an einen Kinderluftballon oder eine Seifenblase, allenfalls einen Fahrradreifen denken, und das ist gewiß alles unangemessen. Aus dem neuen Duden-Wörterbuch ersehe ich, daß dieser schnöde Wortgebrauch – der offenbar im Begriff steht, aus dem Slang in die ehrbare Schriftsprache aufzusteigen – zudem aus dem öffentlichen auch ins private Leben eindringt: es finden sich da Beispielsätze wie »ihre Verlobung ist geplatzt«, ja sogar »beinahe wäre unser Urlaub geplatzt« (›gescheitert‹ wäre in dem letzteren Zusammenhang freilich zu hoch getrabt!). So gibt es denn auch eine private Schnödigkeit neuer Art, sie scheint (sekundär) aus der öffentlichen hereingesickert zu sein.

IV

Das waren alles Wörter, die bereitliegen, auf dies oder jenes angewendet zu werden. Anders steht es mit einem Wort, das neu erfunden wurde, einem ganz bestimmten Ereignis einen Namen zu geben: ›Reichskristallnacht‹. Der Ausdruck hat sich festgesetzt, selbst die historische Forschung – die sich indessen wenig mit diesem Vorgang beschäftigt hat – bedient sich seiner, zuweilen immerhin in Anführungszeichen, er ist in Lexika und andere Handbücher eingegangen. Der Name bezeichnet ein Pogrom. Es wurde am 9. November 1938 bei Gelegenheit des üblichen ›Kameradschaftsabends‹ der ›Alten Garde‹ der NSDAP in München von Dr. Goebbels rednerisch eingeleitet und von Trupps von Parteimitgliedern und SA-Leuten, meist in Zivilkleidung und unter dem Schein des spontanen Volksaufruhrs, ziemlich gleichzeitig im ganzen Reichsgebiet in den folgenden beiden Nächten ›durchgeführt‹. Man zerstörte jüdische Geschäfte und Wohnungen, warf Hausrat durch die Fenster auf die Straße, nahm die Bewohner in Haft oder trieb sie ins Freie. Man steckte Synagogen in Brand. Ein SA-Führer befahl ausdrücklich: »Jüdische Synagogen sind sofort in Brand zu stecken. [...] Die Feuerwehr darf nicht eingreifen. [...] Die Polizei darf nicht eingreifen. Der Führer wünscht, daß die Polizei nicht eingreift.«[1] Der genaue Umfang der Gewaltakte ist bis zum heutigen Tag nicht bekannt. Schon am 11. November gab Heydrich als Chef der Sicherheitspolizei einen Bericht an Göring, worin unter anderen vorläufigen (und mit Sicherheit unzulänglichen) Zahlen auch die Zahl von 191 in Brand gesteckten und weiteren 76 »vollständig demolierten« Synagogen angegeben war. Rund zwanzigtausend Juden waren festgenommen – und in Konzentrationslager verschickt – worden; »an Todesfällen wurden 56, an Schwerverletzten ebenfalls 56 gemeldet«, heißt es in diesem Bericht. Verfahren vor ordentlichen Gerichten wurden gehindert oder niedergeschlagen, das Oberste Parteigericht befaßte sich ausschließlich mit Mordfällen, erkannte aber auch hier nur auf Verwarnung und zeitweiligen Entzug von Ämtern, nicht einmal auf Ausschluß aus der Partei, da diese Männer, wie es ausdrücklich hieß, »aus anständiger nationalsozialistischer Haltung und Einsatzbereitschaft« gehandelt hatten und nur ein wenig »über das Ziel hinausgeschossen waren«.[2]

Das ist es, was in der deutschen Überlieferung die ›Reichskristallnacht‹ heißt. Nicht die Brandwolken, nicht die massenhaften Verschleppungen, nicht die Morde hat das Sprachgedächtnis festgehalten, wie es sich in solcher Namengebung bezeugt, sondern das Klirren der eingeworfenen Fensterscheiben – denn das ist es, was mit dem ›Kristall‹ bezeichnet wird, und man meint, im Wort das Geräusch noch mitzuhören. Nicht das Verbrechen an Gotteshäusern, nicht das an Menschen, Nachbarn, Landsleuten, nur die ›Sachbeschädigung‹ ist in diesem Namen aufbewahrt. Freilich lag anderen Morgens in manchen Ladenstraßen das Trottoir voller Glasscherben, und so mag dieser Eindruck sich dem Volk der Passanten am merklichsten aufgedrängt haben. Das Zerspringen von Erkerscheiben, das Knirschen des Glases unter dem Schritt – das erweckt zudem vielfach ein Gefühl freudigen Entsetzens, man kann bei solchen Gelegenheiten (und sie sind ja seither des öfteren, wenn auch in kleinerem Maßstab, wiedergekehrt) in den Ausrufen der Entrüstung ein verhohlenes Jauchzen vernehmen. Auch solche unterschwelligen Motive mögen dazu beigetragen haben, daß der Volksmund dieses Phänomen all den anderen vorgezogen hat, um der Sache den Namen zu geben.

War es der Volksmund? Es ist nicht bekannt und auch nicht mehr zu ermitteln – da es sich ja primär um mündlichen Gebrauch handelte –, wo und in welchem Milieu der Ausdruck geprägt wurde. Daß er aus jenen Tagen stammt, ist außer Zweifel. Mir ist in Gesprächen (in jüngster Zeit) gelegentlich die Vermutung begegnet, die Täter selbst hätten das Wort erfunden, und es ist wahr, man könnte einen frivolen Übermut, man könnte auch ein Interesse am Euphemismus heraushören. Zudem hat Göring in seiner Eigenschaft als Beauftragter für den Vierjahresplan (seit Oktober 1936) am 12. November 1938 eine Sitzung einberufen, bei der man sich vorwiegend mit der Schadensregelung, und zumal mit der Glasversicherung befaßte. »Nun habe ich aber«, sagte Göring dort, »keine Lust, die deutschen Versicherungsgesellschaften diesen Schaden tragen zu lassen.« Und: »Wir haben keine Rohstoffe. Es ist alles ausländisches Glas, das kostet Devisen. Man könnte die Wände hochgehen!«[3] Die Synagogen spielten bei dieser Beratung, an der auch Goebbels, der eigentliche Initiator, teilgenommen hat, nur eine marginale Rolle, das war kein wirtschaftliches Problem, und Göring hatte es auf die »Arisierung der Wirtschaft« abgesehen.

Trotz alledem glaube ich nicht, daß das Wort ›Reichskristallnacht‹ einer nationalsozialistischen Schnödigkeit seine Entstehung verdankt. Das Verwegen-Lustige daran und das ›Kristall‹-Interesse wäre dem Göringschen Milieu zwar zuzutrauen, nicht aber der Jux mit dem ›Reich‹. Diese Zusammensetzung hat ja auch eine höhnische Note, indem sie das Parteiamtliche und das reichseinheitlich Durchorganisierte des Vorgangs blitz- und witzhaft kenntlich macht. ›Von wegen Volksaufstand!‹, heißt das doch auch, ›ihr könnt uns nichts erzählen, das ist 'ne Reichssache!‹ Der Reichsjägermeister (und nachmalige Reichsmarschall) und seine Gang hätten mit dem ›Reich‹ nicht spaßen lassen – wiewohl er der ganzen Anzettelung Goebbels' gegenüber bei jener Sitzung mehr Ärger als Weltanschauung an den Tag gelegt hat.

Ich meine mich auch zu entsinnen, daß der Name ›Reichskristallnacht‹ zu der Zeit, als er aufkam, also zur Zeit der Ereignisse selbst, der bedrückten Seele eine gewisse Entlastung brachte, daß er eine Ventilfunktion nach Art des Flüsterwitzes ausübte, wie dürftig der Geist und wie geringfügig die Distanz sich ausnehmen mag, die der Benützer des Worts zu den Tätern der Untat einlegt. Beinahe scheint er ja auch wiederum ein belustigtes Blinzeln mit ihnen auszutauschen. Er ist nicht aufsässig, er hält sich nur beiseite.

Kurz, die Vermutung spricht am ehesten für den anonymen Volkswitz, zumal den berlinischen. Das ändert nichts daran, daß das Wort von der ›Reichskristallnacht‹ ein äußerst schnödes Wort ist, zumal in dem jetzigen Stadium seiner allgemeinen Verwendung als eines historischen Datums. Die ›Bartholomäusnacht‹ hat da eine ganz andere Aura, der Mordgeruch hat sich für Jahrhunderte an den Namen des Heiligen gehängt, dem der Kalendertag gehört, und der Schauder stellt sich bei solcher Geschichts-Signatur vielleicht gerade darum wieder her, weil das Wort verschweigt, was es bedeutet, weil es gleichsam nur ein Tabu benennt. ›Reichskristallnacht‹ bewahrt keinen Schauder, eher ein Grinsen, und das ist, der Sache nach, ganz und gar ungehörig.

–

1 Hermann Graml, *Der 9. November 1938, »Reichskristallnacht«*, hrsg. von der Bundeszentrale für Heimatdienst (Beilage zum *Parlament* Nr. 45 vom 18. 11. 1953), S. 11

2 ibid., S. 16

3 *Der Nürnberger Prozeß*, Band IX, S. 585 u. 593

Walter Jens
Gutes Deutsch

Mich befremdet, zuerst und vor allem, daß der Begriff ›gutes Deutsch‹, als Werturteil, nicht mehr zu existieren scheint. Mag das gar zu Phrasen- und Formelhafte verpönt sein; mag suspekt erscheinen, wer sich gänzlich auf vorgeprägte Elemente verläßt (»und das sage ich nun in vollem Ernst«, »es ist mir ein unverzichtbares Anliegen«, »aufrichtiges Bedürfnis«, »besondere Verpflichtung«), mögen gehäufte Klischees an einem Punkt denn doch lächerlich wirken... das alles läßt sich vermeiden, wenn einer nur halbwegs korrekt Hauptsatz an Hauptsatz reiht, brav und bieder, wie er es in der Schule gelernt hat. Das Mittelmäßige reicht aus; Exzellenz hingegen, das Außerordentliche, Bewunderung Heischende ist nicht gefragt, ja, wenn es, selten genug, in Erscheinung tritt, wird es noch nicht einmal erkannt. Da kann einer noch so raffiniert mit Parallelismen und Antithesen, mit Chiasmen und Inkonzinnitäten arbeiten, kann das Gesetz der Dreistillehre kunstreich variieren und die Technik, Reihen zu entwerfen, die dem Prinzip der wachsenden Glieder folgen, mit wahrer Meisterschaft anwenden: wozu? Es wird keiner merken! Und wenn doch, dann in einem für den Schreibenden eher abträglichen Sinn. Läßt er Parataxen kolonnengleich aufmarschieren, heißt es: der schreibt aber hölzern, der Mann, ein Hemingway- oder Wolfgang-Borchert-Epigone wahrscheinlich. Schwelgt er hingegen in ciceronianischen Perioden, glänzt (oder versucht zumindest zu glänzen) mit Hypotaxen der Hypotaxen, sagen die Kritiker: epigonal und manieriert (oder, das Allerschlimmste: elegant). Tut er aber weder das eine noch das andere, sondern springt, seinem Sujet entsprechend, vom ›genus humile‹ zum ›genus sublime‹, dann lautet das Urteil: Dieser Mensch hat überhaupt keinen Stil.

Eine zweitausendjährige Erziehungsarbeit auf dem Feld der Rhetorik – für die Katz! Wer, Hand aufs Herz, weiß heute noch etwas von den Geheimnissen des Prosarhythmus, vom Steigen und Fallen der Kola und von den Klauseln, die einen Satz pointieren, ihm Würze und Verbindlichkeit geben? Und dabei kannte, beim großen Arno Holz, einmal jeder Schuljunge den weltweiten Unterschied, der zwischen »Der Mond geht hinter blühenden Apfelbäumen auf« und »Hinter blühenden Apfelbäumen geht der Mond auf« besteht. (Das erste: Feststellung, Bericht, chronikalische Angabe. Das zweite: Evokation eines poetischen Vorgangs, Beschwörung eines geheimnisvollen Miteinanders in einer Form, die ins Gebundene übergeht. Das *geht* will wie *gehet* gelesen sein: Daktylen an die Front!)

Zaubermeister der Sprache: anerkannt und zumindest als vortreffliche Handwerker, Virtuosen in ihrem Metier, hoch geehrt? Nicht im Deutschen, nicht hier und jetzt. »Er steht mir politisch fern, aber sein Französisch ist glanzvoll«, »Über dem Englisch, das dieser Mann sprach, habe ich die Niedertracht seiner Ideologie beinahe vergessen« – undenkbar, daß mutatis mutandis in Braunschweig oder Rosenheim so jemand über seinen Widersacher redete.

Dieses zum ersten. Und nun zum zweiten: Mich befremdet, daß niemand inmitten der allgemeinen Ödnis auf die Meister verweist, an deren Beispiel die Misere unserer öffentlichen und privaten Verlautbarungen sichtbar werden könnte. Zum Beispiel auf den Mann, der seine Sätze (die er übrigens diktierte) in folgender Weise entwickelte:

> Graf Harry Arnim vertrug wenig Wein und sagte mir einmal nach einem Frühstücksglase: »In jedem Vordermanne in der Carrière sehe ich einen persönlichen Feind und behandle ihn dementsprechend. Nur darf er es nicht merken, so lange er mein Vorgesetzter ist.« Es war dies in der Zeit, als er nach dem Tode seiner ersten Frau aus Rom zurückgekommen, durch eine italienische Amme seines Sohnes in rot und gold Aufsehen auf den Promenaden erregte und in politischen Gesprächen gern Machiavell und die Werke italienischer Jesuiten [...] zitierte. Er posierte damals in der Rolle eines Ehrgeizigen, der keine Skrupel kannte, spielte hinreißend Klavier und war vermöge seiner Schönheit und Gewandtheit gefährlich für die Damen, denen er den Hof machte. Diese Gewandtheit auszubilden, hatte er frühzeitig begonnen, indem er als [...] Schüler des Neustettiner Gymnasiums [...] sich in die Lehre nehmen ließ und das mangelnde Orchester am Klavier ersetzte.

Witz gepaart mit Akkuratesse, Treffsicherheit des Charakterisierens, Porträtkunst höchsten Ranges, die sich nicht scheut, mit verblüffenden Volten und ungewohnten Zusammenstellungen zu brillieren: Fontane natürlich, wer denn auch sonst? Eben nicht! Die Sätze stammen von Bismarck, *Gedanken und Erinnerungen*, Eröffnung des sechsundzwanzigsten, »Intrigen« überschriebenen Kapitels. Und da sage einer, es sei nicht befremdlich, daß die Sprecher des Strohdeutschs in den Redaktionen und im Parlament, die Konservativen voran, keine Ahnung haben, mit wieviel sprachlicher Anmut, Phantasie und Eigenständigkeit man einmal, lang lang ist's her, in unserem Land gesprochen hat. (Übrigens, wer auf seiten der Linken ein Gegenstück zu Bismarck sucht, lese die Reden, Plädoyers und Adressen Paul Levis.)

Ein drittes, was mich befremdet. Wir kümmern uns um die Regeln – aber wir setzen sie absolut. Wir verlangen Korrektheit um jeden Preis – aber wir haben nicht gelernt, die Norm (die natürlich gekannt sein will, das ist unabdingbar) durch kühne und überzeugende Gegenentwürfe in Frage zu stellen. Ketten (und wenn sie nur aus Duden-Vorschriften bestehen): gut und schön, aber man muß, gut Nietzschisch, in ihnen tanzen, sie also ad absurdum führen können . . . und das beginnt bereits bei der Orthographie und Interpunktion. »Vor dem *und*, das zwischen zwei vollständigen Sätzen steht, ist ein Komma zu setzen.« Natürlich will eine solche Regel beherrscht sein, aber doch nur, um sie unverzüglich zu durchbrechen. »Der Mann ging ins Haus und seine Frau folgte ihm unverzüglich«: Ein Barbar, wer nach *ins Haus* ein Komma markiert und derart mit rüdem Strich trennt, was zusammengehört, ja, was auf keinen Fall zerteilt sein will. Lerne das Richtige und zeige hernach in praxi, daß das Richtige keineswegs das Rechte zu sein braucht: Es befremdet mich sehr, diesen Satz so wenig, im Sinne einer jedermann Mut machenden Sprach-Maxime, zu hören.

Im Gegenteil, statt der Norm *und* der Eigenständigkeit, der *imitatio* und der *variatio* das Ihre zu geben, preist man, einem falschen ›entweder – oder‹ aufsitzend, hüben die Korrektheit und drüben den ›slang‹, den scheinbar plastisch-präzisen Jargon der Randgruppen, als allein seligmachende Ausdrucksweise. Aber wie akademisch, steril und pedantisch ist das Gesetzmäßige oft und wie abgeleitet, von der Boulevardpresse vorformuliert, wie abhubartig nimmt sich, auf der anderen Seite, das vermeintlich Frische und Ursprüngliche aus, das Volkstümliche oder Jugendgemäße, wenn man es näher betrachtet: Wildwuchs, der in Wahrheit aus raffiniert gedüngtem Unkraut besteht.

Und ein letztes: Während die Dinge *(res)* immer komplizierter werden, schrumpfen die Worte *(verba)*, die die Dinge eigentlich angemessen ›abdecken‹ sollten, immer mehr zusammen. Die Welt explodiert und die Sprache gerinnt. Wir leben im Jahrhundert der Wissenschaft und der Fachidiome; aber ein Bismarck-Wort wie ›Frühstücksglas‹ ist aus der Welt. Kein Wunder, daß die Verständigung über Lebensfragen immer schwieriger wird. Im Deutschen jedenfalls.

Karl Korn
Macht Sinn?

Die Redewendung ist jungen Datums (etwa seit 1982 nachweisbar), offensichtlich ein importierter Anglizismus, gegen dessen Übernahme nichts einzuwenden ist. Sprachimport hat allemal Gründe, denen es nachzuspüren gilt, zumal dann, wenn eine ältere ›einheimische‹ Wortbedeutung sich mit der neu importierten überschneidet oder zu überschneiden scheint. Obwohl es darüber keine Statistik gibt, darf man annehmen, die Wendung ›etwas oder das macht keinen Sinn‹ *(it makes no sense)* komme häufiger in der Negation vor. ›Machen‹ ist, wie Anwendungsbeispiele zeigen, nicht eng im technischen Sinne zu verstehen. Ein ehemaliger Bundesminister der Wirtschaft, der seiner Wesensart nach als ›Macher‹ verstanden wurde, hat sich als einer der ersten auffällig oft mit der neuen Wendung vernehmen lassen: »Der Bundeswirtschaftsminister erklärte in New York, daß wirtschaftliche Sanktionen gegen die Sowjetunion keinen Sinn machen«, hieß es im *Spiegel* vom 8. 3. 1982. In demselben Organ lasen wir, diesmal eher auf eine Verwaltungsmaßnahme bezogen: »Daß der Themenbereich Reiseverkehr vom gesamtdeutschen Ministerium künftig betreut wird, macht nur auf den ersten Blick Sinn.« Eine Meldung aus den »Tagesthemen« des Ersten Deutschen Fernsehens aus dem Frühjahr 1982 besagte: »Angesichts der militärischen Lage (Ost-West) macht es keinen Sinn, ihnen [den Sowjets] auch noch Technologie zu liefern, die sie für ihre Aufrüstung nutzen.«

Dudens sechsbändiges *Großes Wörterbuch der deutschen Sprache*, das auf einer jeweils auf den aktuellen Stand gebrachten Belegkartei beruht, vermerkt 1980 unter ›Sinn‹ zwar die Wortbedeutung »Sinn einer Sache« und die Redensart »einen Sinn in etwas bringen« und etwas sei »ohne Sinn«, nicht aber den Anglizismus, dem wir seit 1982 begegnen. Dem Sprachfreund, der mit dem Organ für das Ungewohnte, Neue begabt oder geschlagen ist, bedeutet ›macht Sinn oder keinen‹ einen Fund. ›Sinn‹ in so enger Verbindung mit ›machen‹ fällt auf, weil im vorliegenden Falle eine zusätzliche Bezeichnung und Bedeutung ins Feld ›Sinn‹ nicht ohne Grund – wie unbewußt der immer sein mag – hereingeholt wurde. Selbst wenn ›machen‹ nicht im engen Sinne von ›herstellen‹ verstanden wird, bedeutet das neue Verb im Zusammenhang mit dem hergebrachten *Sinn* von ›Sinn‹ eine Neuheit – auch wenn sie modisch wäre oder es würde. Lassen wir den weiten Weg – das *Grimmsche Wörterbuch* (Band 16 von 1905) benötigt mehr als 50 Kolumnen für das Stichwort – beiseite; lassen wir beiseite, was das Stichwort von den »Sinnen« der Wahrnehmungen über den »Sinn für etwas«, zum »Sinn« von Texten oder Wörtern über »Mir steht der Sinn danach« bringt, um jenen Sinn ins Auge zu fassen, der die innere Zweckhaftigkeit eines Ganzen bezeichnet. Dieser Sinn kann seit langem die Zweckhaftigkeit von Maschinen und Apparaten wie die von menschlichen Handlungen, aber auch den der Schöpfung, der Geschichte, des Lebens betreffen.

Die Frage lautet, ob der Sinn eines zweckmäßig und also sinnvoll organisierten Ganzen auch dann gemeint sei, wenn gesagt oder verlautbart wird, dies und das »macht Sinn« oder »macht keinen Sinn«. Der überlieferte Wortgebrauch meinte überwiegend den einwohnenden, den immanenten Sinn. Selbst wenn von ›Sinngebung‹ die Rede war oder ist, sprach man alsbald von dem ›Sinn, den eine Sache habe, enthalte, offenbare, verrate, haben sollte‹. Auch der als falsch entlarvte Sinn einer Sinndeutung wurde als in die Deutung und ihren Sachverhalt hineingegebener Sinn verstanden (Geschichte als Sinngebung des Sinnlosen). Sinn war entweder *in* einem Zusammenhang oder wurde darin gesucht, angetroffen oder nicht angetroffen. Die Sinnfrage bedeutete allemal, daß gefragt wurde, ob etwas Sinn habe oder nicht. In der neuen Wendung ›Sinn machen‹ wird das Gewicht der Aussage stärker auf das Zusammenstimmen von Elementen, die einen Sinn ergeben könnten, gelegt als auf die Sinnhaftigkeit eines Ganzen als dieses Ganzen. Wenn neuerdings gesagt wird, etwas ›mache keinen Sinn‹, wird Sinn weniger in einem vorhandenen oder angenommenen Gesamtzusammenhang vermutet, aufgesucht, entdeckt oder vermißt. Die alte Sinnkategorie scheint sich nicht nur philosophisch verbraucht zu haben, sondern könnte auch im Daseinsgefühl geschwächt oder verschwunden sein. Wer hat noch den Mut, freiweg vom Sinn des Lebens zu reden?

Das englisch-amerikanische »it makes no sense« hingegen scheint nicht mehr mit der Sinnvariante belastet zu sein – oder war es nie –, die dem deutschen Syntagma ›Sinn des Lebens‹ innewohnte. Das heißt nicht, der Begriffsinhalt sei sozusagen ins Nichts verschwunden, sondern bedeutet, daß er sprachlich vernutzt ist. Es ist keine neue Erkenntnis, daß ein neuer Vulgärnihilismus die ausgelaugte rhetorische Formel abgelöst hat.

Doch haftet dem Wort und Begriff noch immer Metaphysisches auch im linguistischen Sinne an. Man braucht nur die Vorrede von Heideggers Hauptwerk *Sein und Zeit* (1926) aufzuschlagen, um der Wortmagie des

›Sinns‹ teilhaft zu werden. Darin heißt es: »Haben wir heute eine Antwort auf die Frage nach dem, was wir mit dem Wort ›seiend‹ eigentlich meinen? Keineswegs. Und so gilt es denn, die Frage nach dem Sinn von Sein erneut zu stellen. Sind wir denn heute auch nur in der Verlegenheit, den Ausdruck ›Sein‹ nicht zu verstehen? Und so gilt es denn vordem, allererst wieder ein Verständnis für den Sinn (!) dieser Frage zu wecken. Die konkrete Ausarbeitung der Frage nach dem Sinn von ›Sein‹ ist die Absicht der folgenden Abhandlung.«

Heidegger würde die modern gefaßte Frage, ob es Sinn ›mache‹, Sein und Sinn so zusammenzudenken, wie aus dem Zitat ersichtlich wird, rundweg abweisen. Sein ist dem Philosophen nicht nur der allgemeinste, sondern auch der dunkelste Begriff. Diesen auch nur in die Nähe von Machbarkeit zu bringen, gilt philosophischem Denken entweder als schiere Blasphemie oder als Banausie. Dies etwa dem Anglizismus zur Last zu legen, wäre eine Verkennung des pragmatischen Sinnes von »it makes no sense«. Deutsch ›machen‹ als Äquivalent von ›to make‹ ist im Sinne einer Addition zu verstehen, einer Aufrechnung von Faktoren, die zusammen eine Summe ergeben, die ›Sinn‹ macht, d. h. ergibt. Diese Wortbedeutung hat mit »dem Sinn von Sein« des Philosophen nichts zu tun. Man könnte freilich vermuten, daß der Schwund des philosophisch getönten Begriffs vom Sinn eines Seins oder des Seins mit dem Aufkommen der sprachlichen Wendung ›macht Sinn‹ zusammenhängt. Angelsächsischer Pragmatismus wäre an diesem punktuellen Vorgang an die Stelle abendländisch überlieferten Philosophierens getreten? Oder, besser gesagt, eines Denkens in den Regionen der Philosophie?

Wörter und Begriffe von so hohem Rang wie ›Sein‹ und ›Sinn‹ verschwinden aber nicht ganz aus dem Vorrat des überlieferten Geistes, auch wenn sie zeitweise durch Importe Terrain verlieren. ›Sinn‹, als Sinn des Seins verstanden, kann erneut virulent werden und in Bezirke des unmittelbar Wirklichen einwirken.

Eine Ursache für solchen Rückschlag könnte sein, daß gemachter oder machbarer Sinn an eine Grenze kam und auf die Sinnfrage keine Antworten mehr zu liefern vermag. Ein geradezu schlagendes Beispiel für die Erfahrung, daß Pragmatismus gewissermaßen in Widerspruch zu sich selbst gerät, bietet die weltweite Diskussion über die Abschreckung atomarer Waffen durch atomare Waffen. Der Sinn der Abschreckung ist, die Abschreckung des Gegners unmöglich zu machen. ›Macht‹ das Sinn? Es ist unbestreitbar, daß es sich um intendierten machbaren, als machbar angesehenen, also um ›gemachten‹ Sinn handelt. Wir befinden uns in der Spirale der Machbarkeiten. Unversehens drängt sich dem von Ängsten angetriebenen Denken die Erinnerung an des Philosophen ›Sinn‹ erneut auf, an jenen Sinn, der nicht machbar ist, sondern der Sinn des Seins selbst. Und weiter drängt sich die Frage auf, ob es philosophisch erlaubt sei, die Bedrohung verdinglichend in direkter Übersetzung aus Heideggers Spekulation in die atomaren Realien einzuführen. Kann man aus der Aporie, daß wechselseitige Abschreckungen und ihre addierten ›Sinne‹ keinen Sinn mehr zu machen scheinen, solchen Sinnverlust unmittelbar als totalen Seinsverlust verstehen? Direkt kann man das nicht, weil die Sackgasse, in die uns die Spirale der Abschreckungen führt, keine Aporie im philosophischen Sinne ist. Der philosophisch verstandene Seinsverlust kann nicht mit einer wie immer totalen, will sagen weltweiten Vernichtung gleichgesetzt werden. Eine atomar verwüstete Welt wäre mit dem philosophisch denkbaren Sinnverlust des Seins schlechthin nicht vollkommen gleichzusetzen, allenfalls mittelbar.

Die einstweilen noch weiter ausgreifende Suggestivkraft der Floskel ›macht Sinn‹ ist eine Tatsache, deren Grund der Sprachkritik Probleme aufgibt. Die nuklear bedingte, scheinbare Aporie (Denkunmöglichkeit) von Machbarkeit im Horizont des irdischen Seins kann aber nicht dazu führen, die Machbarkeit von Sinn überhaupt abzutun. Es gibt begrenzte, durchaus machbare Sinnzusammenhänge, vorzugsweise technisch machbare, die man mit andern machbaren Sinnkomplexen koppeln kann. Die moderne Welt ist, global gesehen, ein wachsendes Verbundnetz von machbaren Sinngefügen. Die sozusagen wohlfundierte weitverbreitete Angst, von diesen technischen Netzen erwürgt zu werden, kann nicht ohne weiteres mit der Gleichsetzung von Sinn- und Seinsverlust bewältigt oder gar real abgewendet werden. Schon zeichnen sich Perspektiven ab, die in den Weltraum ausgreifen, und eilfertige Ideologen suggerieren sogenannte Szenarios der Science-fiction, die ›Auswege‹ eröffnen – für jedermann zum Discount-Preis.

Doch sollte man mit solchen Analogien die ›Sinnmacher‹ von *SDI* oder *Eureka* und deren Entsprechungen in der östlichen Hemisphäre nicht belasten. Sinn wird in vermehrtem Umfang ›gemacht‹ werden.

Kehren wir zu Heidegger, der uns die Koppelung von Sein und Sinn und den Gedanken, daß Seinsverlust Sinnverlust sein könne, zurück. Als der Philosoph der Weise und Seher von Todtnauberg geworden war, schrieb er sein Werk *Holzwege* (1950). In dem berühmten Kapitel »Wozu Dichter?« liest man: »Nicht die vielberedete Atombombe ist als diese besondere Tötungsmaschinerie das Tödliche. [...] Was den Menschen in seinem Wesen bedroht, ist die Willensmeinung, durch eine friedliche Entbindung, Umformung, Speicherung und Lenkung der Naturenergien könne der Mensch das Menschsein für alle erträglich und im ganzen glücklich machen.«

Es fällt auf, daß der Philosoph von den *Holzwegen* an die Wortverbindung »Sinn von Sein« nicht mehr gebraucht. In der Erörterung des Nietzscheschen Nihilismus liest man die Sätze: »Aus dem Geschick des Seins gedacht, bedeutet das nihil des Nihilismus, daß es mit dem Sein nichts ist. [...] Die Wahrheit des Seins entfällt. Das Sein selbst entzieht(!) sich in seine Wahrheit.« Heidegger würde vermutlich nichts gegen den angelsächsischen Wortimport ›macht Sinn‹ gehabt haben. Der wäre ihm eher die Bestätigung dafür gewesen, daß die Macher von Sinn im technischen Welthorizont konsequent formulieren. Seit das philosophisch verstandene Sein »sich entzieht«, erübrigt sich die philosophische Sinnfrage.

Christoph Meckel
Himphamp

Alwine ist ein Himphamp
(Kreideschrift an einer Mauer)

Stört mich etwas an meiner Sprache? Hat mich je etwas an ihr gestört? Was für eine Frage. Bedenkenlos und ohne zu zögern, erneuere ich mein ungestörtes, festes und tiefes, mein konspiratives Vertrauen in sie. An ihr, der deutschen Sprache, stört mich nichts. Sie ist gesund und großartig. Sie hat einen starken Magen, eine kräftige Lunge. Sie ist dehnbarer als jeder Begriff, sie verwandelt sich farbenfreudiger als das Chamäleon. Hört man einen Politiker sagen, die Sprache diene schwerpunktmäßig der Kommunikation, habe gedient und werde weiter dienen – dann, ja dann, was hat man da gehört. Ein Lachmuskelsätzchen. Ich glaube, die Sprache ist da ganz unbeteiligt. Sie entläßt es aus ihrem Hinterteil. Sofort kann man sagen: der Mensch, der das Sätzchen bildet, und also für echt oder tragend hält, ist kein Himphamp. Und treffe ich auf der Straße einen Leut (höchste Zeit, daß die Einzahl erfunden wird) und weiß der Betreffende nicht, was er sagen soll, höre ich oft den witzig gemeinten Satz: Wie geht es der Kunst? Da hilft mir eine kleine Schlagfertigkeit, sie hilft mir über das graue Erstaunen hinweg, und ich sage: Der Kunst geht es immer gut, sie ist ein Himphamp, aber haben Sie bemerkt, was der oder jener mit ihr angestellt hat!

Wie gesagt, es liegt nicht an der Sprache. Sie ist der unheilige Himphamp, das gerechte, dreckige oder komische Chaos, die immer wachsende Hydra. Nimm ein Wort weg, es wachsen zehn neue nach. Wäre ich in der Lage, ein Wort zu stehlen, für immer verschwinden zu lassen in einem Gedicht, illusorischer Diebstahl (ich spreche nicht davon, das Feuer zu stehlen), wüchsen auf der Stelle zehn neue nach. Meine Sprache ist in so guter Verfassung, daß ich vor ihr beschämt und entwaffnet bin.

Gleichzeitig erneuere und bekräftige ich mein ungestörtes, festes und tiefes, mein konspiratives Vertrauen in jede Sprache, die ich kenne und nicht kenne. Mein Vertrauen braucht nicht übersetzt zu werden. Grenzenlos zum Beispiel ist mein Vertrauen in viele Sprachen, die in diesen Jahrzehnten zustande kommen, Hinterjargons und Nebendialekte, Deutsch-Türkisch-Menschlich in Kreuzbergberlin, Weltweit-Pidgin an jeder Straßenecke, Sprechspiele ohne Grammatik und Satzbauten ohne

Syntax, die aus jugoslawischer, italienischer oder griechischer, auch deutscher Nothilfe-Erfindung geschustert werden. Nicht zu übertreffen und unangreifbar sind Ausdrucksweisen, die aus Mangel an gemeinsamer Sprache entstehn. Meine Sprache hat Augen und Hände, Gesten, Grimassen und Körperbewegung, Lachfältchen und Urlaute, die wenig brauchen, um schön und verständlich zu sein; Sympathie, Interesse, Erfindung, Witz. Es kommt vor, daß eine gemeinsame Sprache gesucht wird. Wie verständigt man sich mit einem finnischen Brauereibesitzer? Es stellt sich heraus: man kann etwas Englisch, oder was man notwendig für Englisch hält (und was den Verwalter der Sprache entgeistern muß). Ich bin also eingeladen und niemand weiß weiter. Um seiner Gastfreundschaft Nachdruck zu geben, bietet er mir einen Sessel im Wohnzimmer an. Starke Sympathie erfindet den Satz: Sit ju werri daun, sit you very down. Schon hat man verstanden, befreundet sich und hat was zu lachen. Unverwüstlicher Himphamp.

Kein Zweifel: die Sprache ist nicht verantwortlich für ihr Wesen, ihr Unwesen oder ihre Wesenlosigkeit, für ihren Charakter, für ihre verborgene oder offensichtliche Charakterlosigkeit. Sie weiß nichts von falscher oder barbarischer Rede, von ihrer Verkrüppelung durch die Öffentlichkeit. Sie scheint majestätisch schuldlos und unangreifbar. Da kann man übertreiben und behaupten: sie hat mit sich selbst nichts zu tun. Mit ihr zu tun haben Leute und Funktionäre, Menschen im Futteral, wie Tschechow schrieb, Persönlichkeiten aus Technik und Politik, Demagogen, Ideologen und Redensartler, gestylte Geschäftsnaturen und Profis der Boulevardpresse, akademisch-spezialistische Trockenwesen und Stereotypenbenutzer up to date, die, was die Sprache und also sie selbst betrifft, die Sinnlichkeit einer Hartfaserplatte besitzen, die Phantasie eines Computers, den Humor eines Ochsen; die es bewußt und bewußtlos fertigbringen, die Sprache sprachlos erscheinen zu lassen.

Das sind keine Himphampe, werden keine sein. Es sind Fanatiker des Zeitgemäßen (welche Angst, nicht zeitgemäß zu erscheinen), Klischeevertreter, Sprechblasen, Modeausstatter der Sprache, die festgetreten und also zur Rutschbahn wird. Mich verblüfft die umfassende Anspruchslosigkeit. Wie kann man atmen, träumen oder verzweifeln, etwas wissen oder zu wissen glauben, wie kann man täglich den Mund aufmachen, ohne eigenen Gebrauch von der Sprache zu machen. Wie ist es möglich, nichts mit ihr anzufangen. Was sind die Ursachen dieser Sprachlosigkeit. Abermillionen Unterlassungssünder. Ein Leut – und also kein Himphamp – ist, wer seine Kindheit verloren hat.

Ich bin der gute, selbstlose Freund des Himphamp. Himphamp ist klassenlos, jederzeit möglich, und überall. Berliner Händler auf den Wochenmärkten, Stimmen der Kellerkinder im Hinterhof, die Sprotten, die Bengel. Die prominente Party ist immer dieselbe, nobody here but us chickens, kein Fasel, kein Himphamp. Und bringe ich Geschenke in ein Haus, in dem kein Himphamp zu finden ist, wird mir gedankt, DOCH ES WÄRE NICHT NÖTIG GEWESEN. Und werfe ich Steine über den Zürichsee (tanzende Steine heißen Butterbrote), stellt sich ein Leut dazu und weiß zu sagen: es ist sinnlos, Steine ins Wasser zu werfen. Und lese ich Gedichte, wird gefragt: warum schreiben Sie das. Und zeichne ich in den Schnee ein paar hübsche Figuren, himphampverwandte Gutwettergesichter, erscheint ein Leut und weist mich darauf hin, daß Tauwetter oder Regen mein Bild zerstört. Er ist imstand zu behaupten: das bringt doch nichts. Also eine Frage der Mentalität. Unter anderen auch diese Frage. O Leut! O Himphamp!

Wörter entstehen und prägen sich öffentlich aus, wenn eine Sache in Frage gestellt ist. Benannt wird ein Ding, das im Verschwinden begriffen, oder ein Unding, das im Kommen ist, man hat es zu spät bemerkt und nun weiß man nicht weiter. Da wirft man ein Wort als Forderung in den Raum, da ruft man auf einmal: Lebensqualität! Man spricht von Sensibilisierung, Solidarisierung und Koordinierung, redet zuviel darüber in einem Moment, wo wenig davon, immer weniger glaubhaft ist. In der Auflösung überkommener Lebensformen beschwört man Partnerschaft als Intimgerüst, partnerschaftliches Denken und Verhalten, und sperrt das Selbstverständliche, Sympathie, in eine kleine Beziehungskiste ein. Man setzt sich zusammen und erklärt Gefühle, diskutiert mit vollzugsbeamtlichem Charme sein Soll und Haben, die Bedürfnisse und die Ansichtssachen, und verwandelt sich zeitgemäß und entwicklungsverpflichtet in ein dürres, gereiztes, zahnloses Krokodil. Das ist der Moment, wo ein Himphamp das Weite sucht. Er verläßt den Raum, er atmet und singt sich frei, verspeist eine saftige Birne und kommt nicht wieder.

Hartmut von Hentig
Zwölf Sprach-Ärgernisse in der Gegenwart

1

Feind Nummer 1 sind die pompösen Zusammensetzungen und Blähungen, wo ein einfaches Wort genügt: ›Fragestellung‹ statt ›Frage‹, ›Zielsetzung‹ statt ›Ziel‹, ›Preisgestaltung‹ statt ›Preis‹ – Wörter, die vorgeben, der Sprecher warte mit einem komplexen Gedanken, ja, mit einem ganzen Gedankensystem auf: mit einem ›gesamtgesellschaftlichen Ursachen- und Begründungszusammenhang‹. Das Befinden ist der Befindlichkeit, die Verantwortung der Verantwortlichkeit gewichen. Und wer bedeutend klingen will, sagt lieber gleich »bedeutsam«. Das hat einen ganz anderen ›Bedeutsamkeitsgrad‹!

2

Für die mühelose Herstellung solcher Wirkung gibt es allgemein verwendbare Versatzstücke. Die Wörter ›-aspekt‹, ›-charakter‹, ›-prozeß‹, ›-struktur‹, ›-potential‹, ›-orientierung‹ kann man an fast jedes Nomen anhängen und gewinnt damit die gewünschten *sesquipedalia verba*: Wissenschaftscharakter, Gesetzescharakter, Warencharakter, Aufforderungscharakter, aber auch: Wissenschaftsprozeß, Wissenschaftspotential, Wissenschaftsstruktur, Wissenschaftsorientierung usf. Dies ist kein Privileg von Fremdwörtern. Auch deutsche Biederwörter wie ›Bedarf‹ und ›Bestand‹, ›Vorteil‹ und ›Verlust‹ prostituieren sich auf diese Weise: es besteht in dieser Frage kein ›Entscheidungsbedarf‹; der ›Vertrauens-‹, ›Wissens-‹, ›Erwartungsbestand‹ ist gesunken; der ›Heimvorteil‹ ist dem ›Mannschaftsvorteil‹ nicht gewachsen; es zeigt sich hingegen ein deutlicher ›Optimierungsverlust‹.

3

Im Fußvolk der Adverbien sind ihnen die von mir so genannten Staufferfett-Wörter verwandt: ›ansatzweise‹, ›vergleichsweise‹, ›tendenziell‹, ›weitgehend‹ ... Einige von ihnen erreichen eine erstaunliche

Unbefangenheit, sich mit anderem zu verbinden – voran der Zwitter ›mäßig‹. Der ›Sparvorteil‹ liegt darin, daß man dann – fast – mit den Verben machen, haben, sein auskommt: ›steuermäßig‹ mache ich das so; was ich ›abschreibungsmäßig‹ habe, habe ich auch ›gewinnmäßig‹; ›clubmäßig‹ bin ich Rotarier.

4

Wo diese auftreten, gibt es fast immer auch die aus der englisch-amerikanischen Wissenschaft übernommenen Kunstwörter, die, weil sie sich vorne oder hinten – durch die einheitlichen Suffixe und Präfixe – reimen, eine Art metaphysischer Ordnung unter den benannten Phänomenen vortäuschen: punitiv und permissiv / kommunikativ, kompetitiv, kooperativ / Performanz und Kompetenz / Allokation und Distribution.

5

Die ideologischen Übertreibungen ärgern nicht, weil sie übertreiben, sondern weil sie ihre Wirkung so hartnäckig zu überdauern suchen: ›Konsumterror‹ und ›Warenfetischismus‹, ›Beschwörungsformel‹ und ›Systemveränderung‹, ›Kolonialisierung‹ der Frau und ›Demontage‹ des Sozialstaats. Es ist der gleiche Mangel an Witterung, der einen Menschen von ›Maloche‹ reden läßt, der diese nie kennengelernt hat. Das Gegenstück, beispielsweise das unterdrückte ›e‹ am Ende von ›Chance‹ – straft sich selber und verdient eher Mitleid als Ärger.

6

Ähnlich dickfellig sind die Menschen im Gebrauch der modischen Übertragungen: »Wir fahren eine dynamische Preispolitik« (und zwar »voll durch«); gelernt wird nicht mehr in der Schule, sondern am »Lernort Schule«, und der Lehrer hat keine Aufgaben, sondern eine »Arbeitsplatzbeschreibung«; kritisch fragen heißt durchgängig »hinterfragen« – ein Wort, das einen anspruchsvollen Sinn haben könnte, nämlich: die Fragen stellen, die der Befragte sich in der Regel nicht stellt, vielleicht auch nicht stellen kann, z. B. nach den Gründen für seine Gründe; seit Günter Grass' *Plebejern* gibt es keinen Aufstand mehr, weder im Betrieb, noch an der Parteibasis, noch in Polen – überall begnügt man sich damit, den Aufstand zu proben.

7

Die gruppendynamische Sprache stört mich vermutlich, weil mich die Gruppendynamik stört, ich wehre mich gegen die Zumutung, »mich einzubringen«, und ich sehe meine Kritik unwürdig umgangen, wenn mir einer antwortet, mit einer solchen Äußerung könne er nicht »umgehen«. An der sich überall breitmachenden Sprache der Kommunikationswissenschaft stoße ich mich aus gleichem – ethischem – Grund: Ich gebe meinen Schülern und Studenten keine ›Rückmeldung‹, sowenig wie sie mir etwas ›melden‹; ich bin weder ›Sender‹ noch ›Empfänger‹ codierter oder nicht-codierter Nachrichten; das ›Signalisieren‹ überlasse ich Leuchttürmen.

8

Unbewußte Anglizismen sind verzeihlich, aber da sie weder originell noch notwendig noch sachrichtig sind, verraten sie in erster Linie, wie gedankenlos wir nachreden, was man uns vorredet: ›einmal mehr‹ *(once more)*, ›es macht keinen Sinn‹ *(it makes no sense)*, ›brandaktuell‹ *(brand-new* = direkt von der Firma) und allüberall die ›Technologie‹ *(technology)*, wo – in wenigstens neunzig Prozent der Fälle – die Technik gemeint ist.

9

Daß ich an den falschen Pluralia, Singularia und Genera Anstoß nehme, offenbart vermutlich nur meine Besserwisserei: die »Gereiztheiten« in den Koalitionsverhandlungen, die »Zuwächse« im Rentenhaushalt, ja, schon die »Inhalte« des Deutschunterrichts wurmen mich, obwohl vermutlich parallele Erscheinungen (die »Ängste«, die »Schärfen«, die »Naturen«[1]) schon bei unseren Klassikern stehen; daß ein Paar Hosen ›die Hose‹ geworden sind, daran hat sich schon der Duden gewöhnt; das Wort ›die Mythe‹ dagegen muß keiner benutzen, der nicht auch wissen könnte, daß sie eine falsche Rückbildung aus ›die Mythen‹, Plural zu ›Mythos‹ oder ›Mythus‹ ist; ich werde jedem Autor, der in der von mir mitverantworteten *Neuen Sammlung* »die Hommage« und »die Malaise« schreibt, wenigstens anbieten, sie in »das Hommage« und »das Malaise« zu ändern; aus »die ›Documenta‹ wurde eröffnet« werde ich allerdings eigenmächtig »die ›Documenta‹ wurden eröffnet« machen – und behaupten, dies sei sonst nicht verständlich.

10

Ich bedaure die fahrlässige Zerstörung der ursprünglichen Anschaulichkeit der Sprache. Das fängt bei einfachen Raum- und Zeitverhältnissen an: *in* der gymnasialen Oberstufe statt *auf* dieser. Das setzt sich fort in einem mutwilligen Wechsel von der aktiven zur passiven Verwendung eines Wortes wie ›fähig‹: »Der Zeuge ist aussagefähig« bedeutet: Der Zeuge kann aussagen. »Die Politik« oder »das Interesse« solle »wahrheitsfähig« sein aber bedeutet: über sie müssen Sätze gesagt werden können, die den Kriterien der Wahrheit genügen. Und so fort: ›beweisfähig‹, ›entscheidungsfähig‹, ›konsensfähig‹ im Sinn von: (es) kann bewiesen, entschieden, (von allen) bejaht werden. Zu dieser Unart gehört auch die ungehörige Verwischung der Konturen des gemeinten Sachverhalts: im schulischen Bereich, im Ernährungsbereich, im Bereich der staatlichen Finanzierung – ›ungehörig‹, erstens, weil der Autor sich eine möglicherweise schwierige Unterscheidung erspart, die er dem Leser oder Hörer zumutet, zweitens, weil er dadurch vortäuscht, es handle sich um vergleichbare Größen (»auf die inhaltliche Ebene bezogen«, dürfte er wohl sagen). Er benutzt, ohne es zu wissen, ein Bild, um die Bildlichkeit zu zerstören.

11

Viele sagen und beklagen, daß der Konjunktiv ›verschwände‹. Daß es besser ›sein würde‹, ihn nicht anzuwenden als falsch – diese Meinung teilen nur die, die wirklich darunter leiden. Sagen würden sie es anders.

12

Schließlich: Was macht man mit einem Kalauer, den die Leute ernst nehmen? Feuilletonisten, Politiker, Professoren, Fernsehansager verwenden, ohne mit der Miene zu zucken, das Wort ›ansonsten‹, nicht etwa, weil sie nicht mehr lachen können, sondern, weil sie nicht merken, daß dies eine Nachäffung der Schalter-, Verwalter- und Juristensprache ist wie »in keinster Weise«, »in baribus«, »klamm(=clam)-heimlich« und »kasus knacktus«?! Daß »in etwa« und »schlußendlich« auch dazugehören, ist jedenfalls mir gewiß.

Ist's wirklich dies, »was mich am gegenwärtigen Deutsch stört«? Was ist denn »das gegenwärtige Deutsch«? – Die Sprache, die Siegfried Lenz schreibt oder die *FAZ* oder die Finanzbehörde, die der Nachrichtenansager oder des leutseligen Moderators oder seines ›at random‹ gewählten Gesprächspartners von der Straße, die der Älteren oder der Jüngeren oder aller, die gesprochene oder die geschriebene oder gar gedruckte? Dafür, daß es so sehr viel mehr öffentlich gesprochenes und verbreitetes Wort gibt als in anderen Zeiten und daß ein großer Anteil davon ungeformte Alltagsrede ist, geht es im allgemeinen verständlich und ausdrucksvoll zu. Schlamperei und Gespreiztheit, Angepaßtheit und Vagabundieren in der Sprache hat es zu allen Zeiten gegeben. Als Zeitgenosse Goethes oder Treitschkes oder Gundolfs hätte ich ebenso mühelos einen großen Sack verhaßter Wörter schnüren können wie heute. (Zur Zeit enthält er: ›Attraktivität‹, ›Akzeptanz‹, ›Defizit‹ und ›defizitär‹, ›Kommunikation‹, ›thematisieren‹, ›ausgehen von . . .‹ und ›verweisen auf . . .‹, ›durchführen‹ und ›durchsetzen‹, ›erarbeiten‹ und ›vermitteln‹ [absolut gebraucht: »Eine Fachmotivation, die über ein Leistungsmotiv vermittelt, ist . . .].) Ich hätte immer auch in den Reden und Schriften der damals Berühmten leere Hülsen finden können, die den heutigen entsprechen. (»Inhaltlich gilt es zu klären . . .« »Es zeigt sich, daß . . .« »Festzuhalten ist . . .« »In diesem Sinn . . .«, Floskeln, die in der Regel gestrichen werden können, ohne eine Lücke zu hinterlassen.) Ja, ich hätte wohl die meisten Unarten des »gegenwärtigen Deutsch« wiederentdeckt – die Bevorzugung des substantivischen Ausdrucks vor dem verbalen oder des passivischen, subjektlosen, feigen vor dem aktivischen ausdrücklichen: »Hier werden Maßnahmen einzuleiten versucht.« Wenn Klagen und Kritik reinigen, dann soll man sie vorbringen. Aber mit dem Sprachgericht auch Weltgericht halten oder spielen, sollte man nicht.

Und doch wage ich einen Generalvorwurf. Wenn mir an der Sprechweise vieler Zeitgenossen etwas Gemeinsames mißfällt, dann ist's die mangelnde Disziplin. Man ergibt sich in die Formlosigkeit, ja, die Anstrengung zur Formung des Gedankens durch das Wort wird nicht nur nicht gemacht, man tischt dem anderen unbefangen das Versagen auf – mit eingestreutem «nĕ« und »ja«, als befinde man sich im Vorgespräch mit sich selbst, und läßt es dann aber dabei. Geordnete Rede wird als unwahre Rede verdächtigt. Wo dies eintritt, geht es nicht mehr nur um Sprache, sondern um die ihr zugrunde liegende Beziehung zwischen den Menschen: Sie verwechseln Haltung mit Verstellung. Sie wollen spontan sein und werden unhöflich.

1 Mit der Pluralform eines *singulare tantum* ändert sich die Bedeutung des Wortes: die Zeit – Zeiten (Zeiträume, -abschnitte), die Arbeit – Arbeiten (Arbeitsprodukte oder Tätigkeiten). Es gibt absolute Singulare: das Heil, das Seine, das Leben, und das hängt nicht mit ihrer s.v.v. ›Einmaligkeit‹ zusammen, sondern mit ihrer völligen Unbekümmertheit um Zahl und Vielfalt der Erscheinungsform. Dies wird bestätigt durch die Tatsache, daß es neben dem Krieg (die) Kriege, aber neben dem Frieden nicht (die) Frieden gibt. Frieden ist eine postulierte Qualität, Krieg ein (historisches) Ereignis.
Der hier behaupteten Regel zufolge (»nicht ob etwas nur einmal existiert, sondern ob etwas nur einmal vorzustellen ist, entscheidet«) fehlt der Plural bei den Wörtern Atem, Hunger, Durst, Sicht, Gehör / Ruhe, Stille, Lärm, Schmutz, Sauberkeit, Hitze, Kälte / Haß, Zorn, Trauer / Schlamm, Gold, Sand, Laub . . . Man mache selber die Gegenprobe! Wenn es anders als bei ›Haß‹ einen Plural zu ›Liebe‹ zu geben scheint, dann beruht dies auf einer Täuschung: die Lieben / *les amours* sind der Plural zu Liebesgeschichte, Liebesabenteuer, Liebschaft. So steht es mit den meisten ›Ausnahmen‹.

Hans Maier
Sprache und Gesellschaft – drei Momentaufnahmen

I
Nach 1945

Die Sprachentwicklung nach 1945 stand – zumindest in der Bundesrepublik – im Zeichen eines fortschreitenden Abbaus von rollen- und schichtspezifischen Sondersprachen, individuellen und landschaftsgebundenen Idiomen, kurz: räumlichen und sozialen Sprachabgrenzungen. Sie spiegelte hierin, wenn auch mit Verzögerungen, die sozialgeschichtliche Entwicklung wider, die einerseits durch soziale Nivellierung, anderseits durch Rangerhöhung bisher sozial zurückstehender Tätigkeiten und Positionen in der Gesellschaft gekennzeichnet war. Die Skala: Magd – Dienstmädchen – Hausgehilfin – Hausangestellte – Hausassistentin ist dafür ebenso ein Beispiel wie die oft beschriebene und belächelte Verwandlung der Putzfrau in die Raumpflegerin, des Blumenbinders in den Floristen, des Briefträgers in den Postfacharbeiter, des Fensterputzers in den Glas- und Gebäudereiniger. Statusunterschiede wurden nach oben nivelliert. Das wirkte in die Ausdruckssphäre hinüber. Schon die flüchtige Durchsicht der Romanliteratur nach 1945 läßt erkennen, daß das Stilmittel differenzierender Charakterisierung einer Person durch ihre Sprechweise – virtuos gehandhabt noch von Thomas Mann – kaum mehr verwendet wird, zumindest nicht in Romanen, die in der Gegenwart spielen. Es würde auch kaum mehr verstanden werden. Umgekehrt hat die Angleichung der Wohn- und Lebensgewohnheiten, der Berufs- und Ausbildungswünsche zur Entstehung einer breiten Buch- und Zeitschriftenliteratur geführt, die sich mit Wohnen, Freizeit, Bildung und Erziehung beschäftigt, und zwar ohne Fixierung auf unterschiedliche soziale Zielgruppen. Wenn etwa eine Zeitschrift wie *Architektur und kultiviertes Wohnen* das Adjektiv *kultiviert* stillschweigend aus dem Verkehr zieht, um sich den marktbeherrschenden Zeitschriften *Zuhause* und *Schöner wohnen* anzugleichen, so ist das nur ein winziges Element dieses Prozesses, für den viele andere Beispiele zur Illustration bereitstünden.

Was wir hier im sozialen Feld beobachten, gilt auch für den engeren politischen Bezirk. Scharf abgrenzende Bestimmungen, einer gespannten Klassenlage entstammend, sind in den fünfziger Jahren weicher umschreibenden Kennzeichnungen gewichen. Das Vokabular des Klassenkampfes hat sich weitgehend aufgelöst, sei es in Neubildungen, sei es in Retuschen älterer Begriffe. Zwar tradiert die Sprache noch immer den – sozialrechtlich kaum mehr bedeutsamen – Unterschied von Arbeitern und Angestellten, aber über beide hat sich bereits der Begriff des Arbeitnehmers gelegt, und auch der Fremdarbeiter wurde zum Gastarbeiter. Nicht mehr Arbeiter und Kapitalisten stehen einander gegenüber wie in der Frühzeit des Klassenkampfes, sondern Arbeiter und Unternehmer und schließlich Arbeitnehmer und Arbeitgeber – nicht mehr Antagonisten beherrschen die Szene, sondern Tarifpartner, Sozialpartner. Dem entspricht es, daß Abhängigkeiten, Hierarchie- und Delegationszusammenhänge durch neue Umschreibungen gemildert und verwischt werden: Mitarbeiter, Kraft, Hilfe, Assistent, Auszubildender an Stelle von Hilfskräften, Angestellten, Lehrlingen. Man halte dagegen die Tatsache, daß noch in den 20er Jahren ein wissenschaftlicher Assistent ein wissenschaftlicher Hilfsarbeiter war, ohne daß jemand dies als anstößig empfunden hätte.

Es wäre ein leichtes, die geschilderte Entwicklung zu ironisieren, auf den harmonistischen Überdruck mancher Neuprägung hinzuweisen und Ideologieverdacht zu säen, wenn Fahrschulen und Friseurläden zu Fahr- und Haar-Studios und Nachhilfestunden zu Förderunterricht werden. Doch sei Spott hier ferne. Denn man kann nicht übersehen, daß die Sprache in einer »Spiegelfunktion sozialer Wandlungen«, wie Els Oksaar es ausgedrückt hat, nur nachvollzieht, was sich in der Gesellschaft realiter abgespielt hat, und daß in den erwähnten Euphemismen und Graduierungen neben Prestigemomenten auch eine deutliche Humanisierungstendenz mitschwingt. Ich möchte das selbst für manche Verhüllungen gelten lassen, an denen unser Deutsch nach 1945, soweit es gesellschaftliche Verhältnisse bezeichnet, so reich gewesen ist. Sprache dient ja nicht nur der analytischen Entblößung, und man sollte sich gelegentlich daran erinnern dürfen, daß alle Kultur mit Adams und Evas Feigenblatt begonnen hat und daß die heute so vielgepriesene nackte Wahrheit, mit Franz Werfel zu sprechen, »die Hurenbraut des Barbaren« ist.

II
1968

Was aber ist geschehen, daß plötzlich wieder von »armer und reicher Welt« (statt von Entwicklungsländern und Industriestaaten), von »Kapitalisten« und »Arbeitern« (statt von Tarif- und Sozialpartnern), von »den Herrschenden« (statt von gewählten oder ernannten Amtsinhabern) gesprochen wurde? Woher dieser Sturz ins Ultrakonkrete, Platt-Anschauliche, Klassenkämpferische und Grobianische in der politischen Sprache? Woher diese andere Sprachwelt – fast bis in den Bundestag hinein – nach jener sprachlichen und sozialen Ausgleichs- und Egalisierungstendenz? Woher diese gereckte Agitation, das bösartig trommelnde Deutsch, die hämmernden Klischees und Standards, die mit Pop-Elementen unterlegten Aggressionen? Woher vor allem die Entfremdung der politischen Sprache von ihrem Ausgangspunkt, der Beziehung auf die Institutionen des Grundgesetzes und der Länderverfassungen? Wie kommt es, daß – wie mir ein Staatsrechtslehrer meiner Generation klagte – intelligente junge Menschen mit Begriffen wie konstruktives Mißtrauensvotum und Verbot des imperativen Mandats einfach nichts mehr anfangen können, daß hier neue Sperren, Sprachbarrieren entstehen?

Dies zu erläutern, muß ich mit meinen Beobachtungen etwas weiter ausholen. Ich beginne zunächst beim letzten Punkt: der Entfremdung der politischen Sprache von den Normen und Begriffen unserer in Verfassungen und Verfahren grundgelegten politischen Ordnung.

Wohl die bedeutsamste, früh einsetzende Verschiebung im politischen Wortgebrauch war die Ausdehnung des Begriffs ›Gesellschaft‹ auf die gesamte Breite des politischen Lebens und der progressive Ausfall des Begriffs ›Staat‹. Das äußerte sich darin, daß in der politischen Bildung, sehr im Unterschied zu den fünfziger Jahren, das Wort Staat kaum mehr vorkam, dafür aber das Wort Gesellschaft universelle Verbreitung erlangte. Die alte Balance von Staat und Gesellschaft, liberalem Denken teuer, ist damit einer monistischen Erklärung des sozialen Lebens gewichen, denn nicht zu vergessen: auch der Gesellschaftsbegriff hat seine alte Begrenzung als soziales Gegenüber zum Staatlich-Politischen eingebüßt und ist zu einem allumfassenden Schematismus geworden. Alle reden von Gesellschaft, und wer (noch) vom Staat redet, muß entweder ein Spezialist sein, etwa ein Staatsrechtslehrer, oder er ist, als Abgeordneter oder Verwaltungsbeamter, ein Teil des staatlichen Systems. Im übrigen ist der Siegeszug des total gewordenen Gesellschaftsbegriffs längst nicht mehr auf die Sprache der Publizistik oder der politischen Bildung beschränkt. Er zieht in den siebziger Jahren bereits Spuren in Gesetzestexten. Ein Beispiel ist eine im Wissenschaftsausschuß des Bundestages von SPD- und FDP-Abgeordneten diskutierte »Verantwortung (des Wissenschaftlers) vor der Gesellschaft«, die einen Begriff als rechtserhebliche Größe konstruiert, der im Grundgesetz gar nicht vorkommt.

Nun könnte man einwenden, hier sei nur der überdimensionierten Geltung des Staatsbegriffes in Deutschland endlich demokratisch der Garaus gemacht worden. Außerdem habe man die angelsächsische *civil society* ins deutsche politische Vokabular geholt. So richtig das für die Anfänge des Auf- und Abstiegs von ›Gesellschaft‹ und ›Staat‹ in den frühen sechziger Jahren ist, so wenig gilt es für den Endpunkt der Entwicklung. Denn einmal gibt es auch in der angelsächsischen Welt zu *civil society* den Komplementärbegriff des *government* – und eben davon war bei uns, unter der Dominanz eines alles absorbierenden Gesellschaftsbegriffs, nicht mehr die Rede. Zum andern ist hier nicht eine monistische Einheit einer demokratischen Zweiheit oder Vielheit geopfert worden; eine monistische Erklärung (oder Ideologisierung) der politischen Welt hat sich nur in einer anderen sprachlichen Form verpuppt.

Eine zweite Beobachtung, die sich aufdrängt, ist die Veränderung des Begriffs der Demokratie. Ich möchte die These wagen, daß sich die enge Gemengelage dieses Begriffs mit rechtsstaatlichen, parlamentarischen, parteistaatlich-pluralistischen Formelementen (die wiederum für das Grundgesetz charakteristisch ist) in den späten sechziger Jahren mehr und mehr aufgelöst hat, daß die radikal-demokratischen Begriffsinhalte sich isoliert haben – so sehr, daß das Wort schließlich, vor allem in der dynamisierten Form der ›Demokratisierung‹, dabei war, ein Kampfbegriff *gegen* rechtsstaatliche und parlamentarische Status-quo-Befestigung schlechthin zu werden. Wer die verwickelte Wortgeschichte kennt (noch im späten 19. Jahrhundert stand der Begriff ›Demokrat‹ in der englischsprechenden Welt unter Radikalismus-Verdacht!), der wird es registrieren, wenn die Hamburger Empfehlungen der Ministerpräsidenten gegen Radikale im öffentlichen Dienst von interessierter Seite zum »Kampf gegen Sozialisten und Demokraten« stilisiert wurden. Hier wurde das Wort beziehungsreich in die Nähe jenes links vom politischen Liberalismus angesiedelten Radikalismus gerückt, aus dem es geschichtlich herkommt; denn erst in einem langen Mischungsprozeß hat sich jene »freiheitlich-demokratische Grundordnung« entwickelt, der außer den primär-demokratischen Elementen der Volkssouveränität und des Mehrheitsprinzips auch so unentbehrliche Bestandteile unserer öffentlichen Ordnung wie Rechtsstaats- und Repräsentativprinzip, Parteiensystem und Parlamentswesen angehören.

Drittens weise ich auf eine Linie sprachlicher Veränderungen hin, die man als puristische Überforderung von Begriffsinhalten (mit dem Ziel desillusionierender Zerstörung des Bezeichneten) charakterisieren könnte. Der Vorgang ist in Deutschland vor allem aus der Weimarer Republik bekannt. Hier hat die ›Neue Linke‹ von der alten Rechten viel gelernt. Ein Musterbeispiel unfreiwilligen Hand-in-Hand-Arbeitens bereits Ende der fünfziger Jahre war die Isolierung der rechtsstaatlichen und sozialstaatlichen Elemente des Grundgesetzes (die die Verfassung sehr bewußt im Begriff des sozialen Rechtsstaats zusammengebunden hatte), ihr Aufblähen zu eigenen, sich wechselseitig ausschließenden Entitäten in der Theorie (denn in der Praxis hat unsere Demokratie gerade eine beachtliche Verschmelzung zuwege gebracht). Wenn die Darstellungen unserer Demokratie in der politischen Bildung, grob gesagt, in eine rechtsstaatlich-liberale und eine sozialstaatlich-sozialistische auseinanderfallen, so hat dieses dissoziierende Denken seine alten Traditionen. Es lebt ebenso in dem dualistischen Begriffspaar Verfassungsrecht – Verfassungswirklichkeit wie in der beliebten Entgegensetzung von inhaltlicher und formaler Demokratie. Das Modell des gedanklichen und sprachlichen Vorgehens ist überall das gleiche: man bringt Worte der politischen Alltagssprache, die gerade wegen ihrer Praxisnähe unscharf sind, deutsch-gründlich »auf den Begriff«, um dann die schlechte Wirklichkeit am puristischen Seminaranspruch scheitern zu lassen. Auf diese Weise konnte man nahezu überall den Nachweis führen, daß unsere Verfassungen die »gesellschaftlichen Widersprüche« nicht wirklich »vermittelt«, sondern nur formalistisch integriert haben.

Hier schließt sich eine vierte Beobachtung an, daß nämlich zentrale Begriffe unserer politischen Ordnung aus ihrer Normallage gelöst, dynamisiert, ja eschatologisch aufgeladen worden sind: das gilt für Verfassung, Demokratie, Sozialstaat so gut wie für Rechtsstaat und Grundrecht. Aus Ordnungsbegriffen wurden Verheißungen. Die Stilisierung des Grundgesetzes zum »großen Versprechen« machte den Anfang. Es ist kein konservatives Glaubensbekenntnis, sondern beschreibt nur einen Sachverhalt, wenn man feststellt, daß jede Verfassung auch Normierung eines sozialen *status quo* ist, Verstetigung des politischen Lebens, dem sie »Anregung und Schranke« (R. Smend) bietet. Nur insoweit kann sie ja die politischen Verhältnisse ordnen und gestalten. Eben dieser Aspekt wurde aber im Sprachgebrauch fast völlig übergangen; statt dessen wog die Vorstellung vor, die Verfassung sei eine Sammlung von Geboten für alle Lebenslagen, die vom Gesetzgeber nur zu entfalten wären. Kein Wunder, daß auf dem Boden eines solchermaßen überstrapazierten Verfassungs- und Grundrechtsverständnisses Exidealismus und Zynismus gediehen. Als Beispiel nenne ich das hilflos-traurige Bekenntnis einer DKP-Lehramtsanwärterin, die in einem Land (es war nicht Bayern!) von den Behörden gefragt wurde, warum sie gegen das Grundgesetz sei: »Aber ich bin doch gar nicht gegen das Grundgesetz. Das Grundgesetz wäre gut, wenn es gälte. Aber es gilt doch bei uns gar nicht.«

Endlich verzeichne ich fünftens ein Eindringen organisatorischer, technischer, ja paramilitärischer Kampfbegriffe in die politische Sprache – Spiegelbild des Voluntarismus und Aktionismus, der sich in vielen neuen politischen Bewegungen und Kräften geltend machte. Hierzu gehört das berühmt-berüchtigte »Umfunktionieren«, aber auch das systematische »Verunsichern«, hierzu gehören die Kampfbegriffe gegen die »Herrschenden«, das »System«, die Sprache von »Gewalt« und »Gegengewalt« gegen den »manifesten Terrorismus spätkapitalistischer Herrschaft«. Es ist bezeichnend, daß das paramilitärische Idiom zuerst im Bereich von Bildung und Erziehung verwendet wurde: Ausnutzung und »Umpolung« von Sozialisationsmustern, kognitive Operationsmodi, Lernstrategien waren dort schon üblich, als das politische Konzept der ›Neuen Linken‹ noch auf Seminarniveau bei der Reflexion gesellschaftlicher Bedingungen verharrte und allenfalls die »repressiven Muster formaldemokratischer Bewußtseinsprozesse demaskierte«. Die »Strategiediskussionen« wurden Legion, aber neben den Metaphern des Revolutionsspiels entstand zugleich eine neue Zone des intentionalen »bewaffneten Kampfes«, in der nicht mehr mit Begriffen gefochten wurde. Wiederum überrascht, wie bei früheren Beispielen, die Berührung der Extreme: Viele Sätze aus der im Juni 1972 veröffentlichten RAF-Kampfschrift »Dem Volke dienen« könnten beim frühen Ernst Jünger stehen, wie überhaupt der Zusammenhang von Aktionismus, Todespathos und Ästhetizismus in extrem-linken Gruppen fast die gleichen sprachlichen Formen annimmt wie in extrem-rechten.

Alle diese Aussagen wären vielfältig zu differenzieren, die gesammelten Beispiele nach Herkunft und Repräsentanz genauer aufzuschlüsseln. Den Mischungen sehr persönlicher Gelehrtenidiome (Adorno, Bloch, Habermas) mit Begriffen der Management- und Organisationssprache nebst Einsprengseln der Futurologie wäre im einzelnen nachzugehen.

III
1985

Nirgends spiegelt sich der vielberufene Wertewandel so deutlich wie in der Sprache der Jugend. Seit Jahren sammle ich Beispiele, untersuche sie, probiere den Geschmack. Das tat ich auch zu APO-Zeiten, bald zwanzig Jahre zurück – damals freilich mit innerem Widerstreben. Jener Jargon war arrogant, wissenschaftlich aufgeputzt, aufklärungsstolz und einschüchternd – »ein klischeehaft erstarrtes, bösartig trommelndes Deutsch, eine Formelsprache, deren Zweck nicht Mitteilung, sondern Deklamieren und Übertäuben ist«, so schrieb ich 1968. Anders die heutige Jugendsprache: sie streut weiter, sie hat mehr Töne, schillert in mehr Farben, sie ist bald grotesk und banal, bald witzig und selbstironisch – kurzum, sie kommt mir menschenfreundlicher, weniger abweisend vor. Das Sammeln seltener Brocken macht mir Spaß – einiges ist »echt herb«, wenn nicht gar »ätzend«. Was fasziniert an der neuen Sprachkultur? Schwer zu sagen. »Ich blick das noch nicht.« Und so wie mir wird es auch anderen gehen.

Im Jugendjargon entlädt sich vieles und Widersprüchliches; man kann es schwer auf eine Formel bringen. Unüberhörbar ist ein Ton emotionaler Selbstbezogenheit. »Ich hab noch nichts von mir gehabt« (Konstantin Wecker) – das wäre 1968 undenkbar gewesen. Diese Jugend, so scheint es, hat keine Theorie, keine Ideologie mehr. Sie mißtraut den Wissenden, den Heilsbringern. Scheinbar unsinnige Parolen zeugen davon: »Null Bock auf nichts«; »Gemeinsam sind wir unausstehlich«; »Nieder mit dem Packeis – Freiheit für Grönland«; »Du hast keine Chance, aber nutze sie«; und so fort. Triviale Poesie, aus echtem Gefühl entsprungen, sentimentale Schnulzen, haltbar gemacht in der Lauge der Ironie. Diesmal waren es nicht die Wissenschaftler, die Soziologen, Psychoanalytiker, Verhaltensforscher, die die Stichworte gaben wie 1968, sondern die Dichter – man kann bei den »zornigen jungen Männern« Englands und bei Uwe Johnson, Ulrich Plenzdorf, Peter Rühmkorf das meiste finden, schon in den sechziger Jahren, was heute hochoben auf der Sprach- und Zeitwelle schwimmt. Eine neue Ich-Betonung (von *me-culture* sprechen die Amerikaner), ein Hauch von Selbsterfahrung, ein wenig Seelentheater, halb gespielt und halb gelitten – so kommt diese Jugendsprache daher; und wäre nicht manches Gröbere, Plakative aus Fernsehen und Werbesprache hineingemengt, man könnte denken, wir schrieben 1900, und drüben an der Ecke säße der junge Loris artig-resigniert mit seinen Freunden im Café Tristesse: »Also spielen wir Theater ...«

Gewiß, da ist auch billiger Sound im Spiel, da sind Verstärkerpartikel und Kraftwörter (auch sie, anders als 1968, ganz im emotionellen Bereich zu Hause); da geht es »geil«, »irre«, »echt« und »stark« zu; da herrscht das Ungefähre mit viel »und so«, »überhaupt« und »irgendwie«; da sind die überlieferten Worte eingetaucht in einen Nebel aus Feeling, Schock und »Psycho«. Da wird vieles durch Wiederholung zur Masche: so kann man ›Szene‹, ›Clique‹, ›Power‹, ›Typ‹, ›Frust‹ und ›Zweierkiste‹ (Liebe!) schon nicht mehr hören – ähnlich wie die von Politikern vielgequälte ›Landschaft‹.

Aber dann laufen einem wieder Sätze über den Weg, die plastisch, witzig, einprägsam und auf lässige Art selbstironisch sind. Wer verfügt schon über einen IQ »knapp über der Zimmertemperatur«? Wer hat schon bei einem »Mikro-Professor« einen »Chip-Infarkt« mit nachfolgendem »totalem Programmabsturz« erlebt? Welch tiefen Einblick in das Seelenleben eines »herumömmelnden« Schülers bietet nicht der Satz »Die Weisheit verfolgt mich – aber ich bin schneller«! Und wer ahnt beim Durchqueren nord-südlicher Tunnels in der Schweiz und Österreich, daß er jetzt durch einen »Teutonenbeschleuniger« fährt?

Wenn uns dann der Alltag wieder hat und wir in Gesetzeswerken den aufschlußreichen Satz finden: »Auszubildende sind im Rahmen der Ausbildung von Ausbildern auszubilden« (Originalton!), oder wenn uns gar in Bundesratspapieren die »rauhfutterverzehrende Großvieheinheit« begegnet (EG-Deutsch für Kuh) – dann, ja dann ist der Tag nicht weit, an dem wir irre werden an unserer ach so rationalen Welt, an dem wir uns fragen, wer nun eigentlich »ein Rad abhat«; wir, die Erwachsenen, oder die Jungen. Und wenn wir dann noch bei progressiven Pädagogen und Fußkranken aus den ›68er‹ Jahren von »Lernstrategien«, »Schatten-Curricula«, »emanzipativen Verhaltensmustern« und »kognitiven Operationsmodi« lesen, dann steht unser Entschluß fest: Jetzt aber lieber Jugendsprache!

Helmut Heißenbüttel
Ich gehe davon aus
Kritik am Zustand der Sprechenden

»Verhunzdeutschen. Er hat es verhunzdeutscht«, notierte schon Georg Christoph Lichtenberg. Sein Kampf galt dem, was er als den Sprachwust der Stürmer und Dränger bezeichnete. Er galt aber auch der schieren Dummheit, und zum Verständnis des Denkens seiner Mitmenschen empfahl er, auf deren Sprache zu achten. Im März 1985 erschien im Fischer Verlag ein Taschenbuch mit dem Titel *Dummdeutsch*, herausgegeben von Eckhard Henscheid, Carl Lierow und Elsemarie Maletzke. Im Vorwort heißt es: »Dummdeutsch ist die erste Bestandsaufnahme der schleichenden Verhunzung unserer Sprache.« Seit mehr als zweihundert Jahren also nichts Neues? Zweihundert Jahre Verhunzung der deutschen Sprache?

Ich habe das 86 Seiten dicke (starke?) Buch durchgeblättert und versucht, ein bißchen System (?) in die Kritik zu bringen. Diese richtet sich einmal gegen Begriffe und Formulierungen, die aus einem Wissenschaftsbereich, meist des 20. Jahrhunderts, in die Tages- und Zeitungssprache gewandert sind und nun oberflächlich und mit nur halbem Verständnis gebraucht werden: z. B. ›hinterfragen‹, ›Innovation‹, ›Kontext‹, ›Output‹, ›Parameter‹, ›Stellenwert‹, ›Syndrom‹, ›Zielgruppe‹. Die Kritik richtet sich gegen den oberflächlichen Gebrauch. Da ist sie berechtigt. Sonst ist, wenn sie richtig eingesetzt werden, nichts gegen solche Wörter und Begriffe zu sagen, meine ich. Eine zweite Gruppe kritisierten Dummdeutschs betrifft Wörter, die aus den Superlativen von Gruppenjargon in die Umgangssprache eingedrungen sind: z. B. ›ätzend‹, ›fetzig‹, ›softig‹, ›flockig‹, ›total‹, ›geil‹. Ich habe nichts dagegen.

Ähnlich ist es mit dem Bereich der sogenannten Tabuwörter (aufnehmenswert?), der leider nur sehr spärlich berührt wird. Das Beispiel ›bum(m)sen‹, so geschrieben, gibt gar nichts her. Die vorgeschlagenen Synonyma sind noch ›dümmer‹ als das Registerwort, das eben nur relativ neu eingeführt ist. Warum nicht sagen, daß der Vorgang offiziell koitieren heißt und umgangssprachlich: ficken? Es fehlt hier eine ganze Kategorie von Ausdrücken, die alle an der Grenze von »Dummdeutsch« entlangschlittern. Sollte hier eine typisch deutsche Tabuzone (?) berührt sein, die schon in den Anfängen des *Wörterbuchs der deutschen Umgangssprache* von Heinz Küppers merkwürdige Leerstellen ließ, die erst allmählich von dem seriösen Klett Verlag aufgefüllt werden? Dieselbe Scheu findet man auch in den deutschen Lexika, bei denen man oft und lange hin und zurück nachschlagen muß, will man korrekte Auskunft über korrekte Bezeichnungen im Genital- und Analbereich.

Eine dritte Spitze der Kritik richtet sich gegen all die Wörter, die sich einer Angleichung an anglo-amerikanischen Sprachgebrauch verdanken: z. B. ›absolut‹, ›Akzeptanz‹, ›Center‹, ›Drive‹, ›Lebensqualität‹, ›Marketing‹, ›relaxen‹, ›Remake‹. Hier sehe ich tatsächlich ein Problem. Nicht weil ich die Übernahme von Fremdwörtern kritisieren möchte. Was wäre unser heutiges Deutsch, wenn wir anfingen, die im Lauf der Jahrhunderte aus fremden Sprachen ins Deutsche hinübergewanderten Fremdwörter, Lehnwörter, Lehnübersetzungen usw. auszusortieren! Vielmehr verändert sich etwas in der deutschen Sprachauffassung dadurch, daß bestimmte Abkürzungsverfahren, die im Angloamerikanischen geläufig und gebräuchlich sind, ins Deutsche übernommen werden. Wenn ein ›paper‹, das im Angloamerikanischen stellvertretend für Konzept, Entwurf, Vertrag steht, als ›Papier‹ übernommen wird, entsteht etwas anderes als das, was in der fremden Sprache mitgesagt wird.

Wenn mit ›paper‹ der materielle Sprachträger für den Inhalt genommen wird, der auf diesem Träger fixiert ist, so entspricht das einer dort üblichen Vermischung von Konkretem und Begrifflichem, einer Pars-pro-toto-Rede, die das Konkrete und Materielle stellvertretend setzen kann. Da das Deutsche jedoch, pingeliger, zu trennen pflegt, entsteht der Eindruck von Oberflächlichkeit. Wo unter dem Deckmantel des Worts ›Papier‹ die Differenzierung des Inhalts, der mit diesem Papier gemeint ist, wegfällt, kann natürlich alles mögliche ein »Papier« sein. Dieser Allerweltsgebrauch einer solchen Lehnübersetzung verführt dazu, das Wort immer häufiger zu verwenden. Wer etwas zu sagen hat oder nur sich einbildet, etwas zu sagen zu haben, verfaßt ein »Papier«, legt ein »Papier« vor, geht mit einem »Papier« hausieren. Der Gebrauch bewegt sich ins Inflationäre und Hochstaplerische.

Mein Argument soll eine Tendenz andeuten. Die Tendenz geht längst über die Übernahmen aus dem anglo-amerikanischen Sprachgebrauch hinaus. Die Tendenz ist ausgezeichnet durch eine Vermischung nicht von Konkretem und Begrifflichem, sondern durch eine begriffliche Verdünnung, durch Einmischung von vage metaphorischen Elementen. Die Schein-Anschaulichkeit solcher Wörter führt zur verbreiteten Brauchbarkeit, aber auch vielfach und bedeutungslos einsetzbaren Floskelhaftigkeit. Schon ›hinterfragen‹, ›Kontext›, ›Stellenwert‹, ›Zielgruppe‹ gehören dahin. Deutlicher erscheint mir die Tendenz in Wörtern wie ›auflisten‹, ›festschreiben‹, ›umfunktionieren‹, ›verschlanken‹, ›hierzulande‹. Man sagt, wenn man in dieser Tendenz redet, etwas, ohne sich festzulegen, unverbindlich, aber geläufig, obenhin, in einer Redeweise, die nicht wirklich etwas meint, sondern sich um alles Meinen herumdrückt, nur ein Ziel auf der Zunge: nicht beim Wort genommen werden zu wollen.

Am deutlichsten erscheint mir diese Tendenz in einer Redewendung, die, wenn man einmal genau im Hörfunk oder Fernsehn zuhört, vor allem dort, wo Politiker ihre »konkreten Ziele« den Zuhörern zu verkaufen suchen, geradezu zur Allerweltsformel geworden ist: »Ich gehe davon aus, daß . . .« Dabei ist der allseits bekannte und beliebte Wortgebrauch noch nicht einmal bis in den ›Duden‹ vorgedrungen. ›Ausgehen‹ ist dort nach wie vor der körperliche oder gegenständliche Ausgang oder das, was als Tätigkeit beim Ausgang erforderlich ist. »Ich gehe davon aus, daß . . .« heißt aber, daß ich nichts Verläßliches habe, auf das ich mich stützen kann, sondern etwas Fiktives, das ich rasch einmal aufgegriffen habe, um »davon auszugehn«. Das ›Ausgehn‹, das ich meine, wenn ich von etwas ›ausgehe‹, ist also etwas Eingesetztes, das ich jederzeit widerrufen und auf das ich nicht festgelegt werden kann. Ich verwende diese Formel ja, weil ich mich im Nebel des Unbestimmten bewege.

Daß jedermann und vor allem Vertreter der Öffentlichkeit in zunehmendem Maß diese Formel verwenden, könnte auf eine Multiplizität der Prämissen hinweisen, die den heutigen Zustand demokratischen Selbstverständnisses kennzeichnet. Aber selbst das wird in der Redeweise verdeckt. Das vage Ansprechen des unverbindlich Vorausgesetzten schließt die Pluralität von Meinungen und Standpunkten aus, weil es verdeckt, daß ich, wenn ich so rede, weder Meinung noch Standpunkt habe. Ich kann also, wenn ich versuche, auf den Grund zu gehn, nicht von Multiplizität oder Pluralität von Meinungen, Überzeugungen oder Standpunkten ›ausgehn‹, sondern nur von Meinungslosigkeit, Überzeugungslosigkeit, Standpunktslosigkeit.

So gesehn, könnte das ›Ausgehn von‹ geradezu zur Schlüsselphrase unseres gegenwärtigen Zustands werden. Wo jedermann von jedem ›ausgehn‹ kann, was ihm gerade durch den Kopf geht oder, zur Verdekkung des Rests von Meinung, die er hat, opportun ist, gibt es überhaupt nichts mehr, von dem man konkret ›ausgehn‹ kann. Arnold Schönbergs »Keiner hat's sein wollen, einer hat's sein müssen«, mit dem der Komponist sein halsstarriges Festhalten an seinen ästhetischen Marotten einst verteidigte, ist degeneriert zu dem: nun hat's wirklich keiner mehr sein wollen. Alle sind schuldig, aber keiner hat schuld. Meine Kritik ist keine Sprachkritik, sondern Kritik an einem Zustand, in den immer mehr immer tiefer hineinzurutschen drohen. Freilich kann ich den Zustand immer noch in der Sprache, die um mich herum gesprochen wird, »festmachen«.

Herbert Heckmann
Irgendwie?

Wörter sind eingesalzene Heringe,
konservierte alte Ware.
Fritz Mauthner

Im Furioso der heutigen Modewörter fällt ein Wort besonders auf: das ›Irgendwie‹. Es versammelt gleich seine ganze Sippe: Ein ›Irgendwo‹, ›Irgendwann‹, ›Irgendwas‹ usw. Irgendein ›irgend‹ stiehlt sich nachgerade in jedes Gespräch, und es gibt Zeitgenossen, die das ›Irgendwie‹ zum Leithammel ihrer Gedanken machen.

Walter Benjamin sagte von der Mode, daß sie die ewige Wiederkehr des Neuen sei, und fügt die Frage hinzu: »Gibt es trotzdem in der Mode Motive der Rettung?« Wiederholungen verraten, daß das Wiederholte sehr angenehm sein muß. Sonst würde man ja die Wiederholung sein lassen. Tatsächlich wird das ›Irgendwie‹ sehr vollmundig ausgesprochen, der Sprecher zuckt mit den Achseln, blickt sehr nachdenklich drein, ist selbst ganz ›irgendwie‹, um dann im Banne des Wortes fortzufahren. Irgendwie, versteht sich. Aber welche Rettung erhofft er sich? Oder sollte ich besser fragen: was meint er denn, wenn er ›irgendwie‹ sagt? Eine Beantwortung dieser Frage ist nicht sehr leicht, denn wir Menschen reden gewöhnlich sehr viel mehr als wir meinen. ›Irgend-‹, so klärt uns jedes bessere Wörterbuch auf, ist ein Pronominaladverb, das etwas Unbestimmtes bezeichnet. Demnach müßte, nach der Häufigkeit der Wortsippe ›irgend‹ zu schließen, das Unbestimmte heutzutage eine sehr große Rolle im alltäglichen Denken spielen. Vorausgesetzt freilich, daß man sich etwas dabei denkt, wenn man mit dem ›Irgend‹ wuchert.

Wo man früher schlichtweg bekannte: »Ich fühle«, sagt man heute: »Irgendwie fühle ich.« Das sind zwei Aussagen, die keineswegs dasselbe bezeichnen. Im ersten Falle weiß der Sprecher, daß er fühlt, wenn er fühlt. Im zweiten Falle ist er sich dieser Tatsache gar nicht sicher. Vor allem glaubt er nicht zu wissen, auf welche Weise er fühlt. Was mit ihm geschieht, vermag er nicht recht zu bestimmen. So läßt er es im Vagen, im Irgendwie: ›Nix Genaues woaß mer net.‹

Das kann eine durchaus ehrenwerte skeptische Haltung sein, die vor jeder hastigen Bestimmung zurückschreckt. Wer bestimmt, legt sich fest und schließt ein mögliches Anderssein aus. In unserer Welt ist das bestimmende Einordnen das Tagesgeschäft der Bürokratie, der Wissenschaften – und nicht zuletzt auch der öffentlichen Diskussionen, die sich mit viel rhetorischem Aufwand über alles Problematische Klarheit zu schaffen suchen, ohne aus einer gewonnenen Klarheit, wenn dieses Wunder überhaupt einmal eintritt, Konsequenzen zu ziehen.

Man hält am ›Irgendwie‹ fest, als könnte man auf diese Weise dem allmächtigen Einordnungszwang ein Schnippchen schlagen. Das Chaos sowie das Unbestimmte, nicht das Unbestimmbare, übten schon von jeher einen gefährlichen Reiz aus, vor allem dann, wenn die Bürokratie, die Systeme des Erfassens und Definierens ein derartiges Ausmaß annehmen, daß sie nicht mehr überschaubar sind. Sie gewinnen selbst eine Aura des Anonymen, und der einzelne weiß beim besten Willen nicht mehr, wozu der ganze rationale Aufwand diene. Er beginnt, sich zu verweigern, rebelliert, kokettiert mit der Anarchie, dem Irrationalen und der Ignoranz, ohne selbst recht zu wissen, worauf er sich einläßt. Wie die Aufklärung die Lust am Denken schürte, so droht heute in ihrer größten Entfaltung die Lust am Nichtdenken aufzukommen.

Das ›Irgendwie‹ tritt seine Herrschaft an. Ihm jedoch unbedacht die Würde der Skepsis zuzuerkennen, hieße ihm allzuviel Ehre antun, denn die Skepsis, die den Zweifel zum Prinzip erhebt, ist – sehen wir einmal von der dumpfen Widerspruchslust ab – ein kritisches Prüfen. *Que sais-je?* Genau diese Frage Montaignes schenkt sich jedoch der Benutzer des Wortes ›irgendwie‹. Er forscht nicht nach Gründen, sucht keine logischen Zusammenhänge: auf gut Glück nimmt er etwas an und umgibt es gleich mit dem frömmelnden Nebel des Unbestimmten. Ein bißchen Mystik-Getue ist immer dabei. Die Dinge sind nicht, sie sind vielmehr ›irgendwie‹. Sie verlieren ihre ontologische Würde und geraten in magische Zusammenhänge, die bei näherem Hinsehen nichts anderes sind als Gefilde dreister Denkfaulheit. Was Wunder, daß gerade in unserer Zeit die geschäftstüchtigen Dunkelmänner der Geheimwissenschaften sowie fernöstlicher und indischer Seelenbräu ihre Chancen wahrnehmen.

Wer nicht den Mut hat, selbst zu denken und sich ein kritisches Bild von der Welt zu machen, verfällt nur zu schnell auf die Ausrede des ›Irgendwie‹. Gespräche werden zu Gesellschaftsspielen dunkler Andeutungen. Überall lauert das Unerklärliche. Von klaren Ursachen will man nichts wissen: »Irgendwie wurde ich dazu gezwungen, irgendwie kam ich dazu«, und von der Zukunft, dem großen Eldorado des Prinzips Hoffnung, weiß man nur noch: »Es wird irgendwie schon werden.« Dieses Bekenntnis offenbart nicht nur Ohnmacht, sondern auch Angst vor dem eigenen Schicksal. Im Furioso der Ablenkungen, die tagtäglich die

Aufmerksamkeit jedes einzelnen von der Nachdenklichkeit abzubringen versuchen, erlischt das Verantwortungsgefühl.

Man ist der Sprache nicht mehr sicher und damit auch nicht mehr der Dinge, die sie bezeichnet. Fast nur noch der Nutzen lenkt unsere Aufmerksamkeit auf die Welt der Dinge. Bedeutungen der Wörter sind verkappte Nutzanwendungen. Was außerhalb dieses Nützlichkeitsnetzes liegt, entzieht sich dem Verständnis, gerät ins Ungefähre, ins ›Irgendwie‹, wo weder Kausalitäten noch Ableitungsmöglichkeiten Ordnung ins Denken bringen. Die Wissenschaft freilich gibt sich alle Mühe, die Komplexität unserer Welt, des Mikro- und des Makrokosmos zu fassen. Aber ihre Erkenntnisse haben so gut wie keinen Einfluß auf das allgemeine Denken. Eher scheint es, daß angesichts der komplizierten Begrifflichkeit der Wissenschaften die Alltagssprache zum Irgendwie-Gestammel wird. Was ich nicht weiß, macht mich nicht heiß. Unter diesem Motto ist schon mancher zum Dummkopf geworden.

»Jeder Umstand an der Ursache, der für die Wirkung nicht gleichgültig, d. h. der so geartet ist, daß die Wirkung nicht fortwährend gleich verbleibt, wie er auch immer sich ändere, muß sich durch bloße Begriffe, bei denen höchstens einige solche Anschauungen, welche auch zur Bestimmung der Wirkung erforderlich sind, zugrunde gelegt werden, vollständig bestimmen lassen.« Gegen diesen Satz Bernard Bolzanos, der die Zuversicht der Wissenschaften ausmacht, tritt das ›Irgendwie‹ an. Es verschließt sich jedoch nicht nur der wissenschaftlichen Erkenntnis, sondern es erstreckt sich auch auf die Dinge des Lebens und rückt selbst noch das Selbstverständliche ins Ungewisse. Wenn schon die Trauben, die höher hängen, sauer sind, so sollen es auch alle anderen sein. Im Gebrauch des ›Irgendwie‹ verbirgt sich eine Trotzhaltung. Jetzt gerade nicht! Aber unversehens wird aus dem Lustgefühl der Ignoranz ein Katzenjammer. Menschliche Beziehungen leben nun einmal von der Klarheit der Einschätzungen. Läßt man gegenseitig alles ›irgendwie‹ mit sich geschehen, hat man bald das Nachsehen. Die Romantik schwelgender Unklarheiten hält nicht lange an. An ihre Stelle tritt ein wortloses Unbehagen, aus dem gerade noch der Schlager Kapital ziehen kann. Der Mangel an klaren Aussichten, klaren Begriffen und triftigen Erklärungen verführt zum universalen Mißmut, zum »Nullbock«, wie man heute mit antivitalistischer Nachdrücklichkeit zu sagen pflegt. Da sticht keinen der Hafer mehr. Von den Fragen ist nur noch das Anheben der Stimme übriggeblieben, die zum Schrei wird.

Keine Chance mehr sehen heißt auch: keine Übersicht mehr gewinnen wollen, mit den Wörtern die Beziehung zu den Dingen zu verlieren. Das

›Irgendwie‹ ist, so gesehen, der Nachruf auf das wahllose Geschwätz, das vor lauter Namen und Benennungen sich um den Verstand gebracht hat. Mehr Seufzer als ein Bedeuten, würzt es das alltägliche Gespräch, besonders aber die Unterhaltungen der Jugendlichen. Fast jeder Satz fällt dem ›Irgendwie‹ zum Opfer. Die Dinge verlieren ihre Konturen, Urteile ihre Argumente, Bekenntnisse ihre schicksalhaften Voraussetzungen. Das ›Irgendwie‹ stellt selbst die Logik auf den Kopf. Auch das Unbezweifelbare umgibt man mit der Aura des Geheimnisvollen. Cogito, ergo sum. Nein, so einfach ist das nicht. Ich denke, also bin ich irgendwie. Oder: irgendwie denke ich, also bin ich. Zugegeben: das ›Irgendwie‹ ist außer Rand und Band geraten; als offenbar ›unverzichtbares‹ Satzpartikelchen taucht es selbst in den erhabensten Zusammenhängen auf, an denen noch nie der Zweifel zu nagen gewagt hat. »Irgendwie lebe ich!« hörte ich einen jungen Mann sagen.

Man muß das verstehen. In der Schule wird heute so viel reformiert, daß das Lernen bald nur noch ein Luxus sein wird, den man sich lediglich durch ein Nichtbefolgen der Regeln erkaufen kann. Tritt man nach dem Wechselbad der Erneuerungen schließlich ins Leben, das vorzubereiten keine Schulweisheit mehr unternimmt, hat man die größte Mühe, einen halbwegs passenden Beruf zu ergreifen, der einem erst richtig zu leben erlaubt. Da kommt man mit einem ›irgendwie‹ noch am weitesten. Vorhersehen läßt sich nichts; die Statistiken, jene Erfindung, die dazu dient, den gesunden Menschenverstand eines Schlechteren zu belehren, zeigen ›Trends‹ an, die nur diejenigen befolgen, denen das ›Irgendwie‹ zur Lebensmaxime geworden ist. Nichts Genaues wissen, nichts Genaues wollen, nichts Genaues hoffen, die Geschichte sich selbst überlassen: es gibt nicht wenige, die das als das größte Glück ansehen. Das heißt freilich, aus der Not auf eine sehr fahrlässige Art und Weise eine Tugend machen.

Das ›Irgendwie‹ ist keineswegs Zustand der Welt, sondern Zustand derer, die sich durch die Gegebenheiten einschüchtern lassen und allen Ernstes die Frage stellen: »Bin ich schuld daran, daß andere keine Lösung finden?«

Allenthalben liest man, wie schon Konrad Adenauer mit pauschalisierender Melancholie zu sagen pflegte: »Die Lage ist sehr ernst.« Tatsächlich wird sie aber erst dann sehr ernst, wenn einem nichts mehr einfällt, als hilflos zu behaupten: Die Lage ist irgendwie sehr ernst. Wo Kritik und logisches Kalkül gar nicht mehr gefragt sind, tritt das ›Irgendwie‹ als Einsicht in das Einsichtslose auf und stiftet überall Unheil, indem es sich auch vor das Unbezweifelbare stellt.

Alfred Polgar bemerkte einmal zum Stichwort ›Wunder‹: »Ein Wunder wäre es zum Beispiel, wenn der Stein, den ich loslasse, in die Höhe schwebte. Und daß er zur Erde fällt ist keines?«

Eine gute Frage. Das Leben in unserer sattgewordenen Zeit hat uns derart abgebrüht, daß wir gar keinen Spaß mehr an den Dingen zu haben scheinen. Nichts fordert unsere Bewunderung heraus, weder das wunderbare Zusammenspiel der Naturgesetze noch das Wunder selbst, wenn es einmal eintreten würde. Das ›Irgendwie‹ entrückt alles in die ›Nullbockzone‹, in jenes Dämmerreich, in dem nur noch das terroristisch Schrille sich Gehör verschaffen kann. Es ist ein Malstrom, der die Öffentlichkeit fortreißt. Alles wird irgendwie möglich: die Konventionen sind schnell aufgehoben, und die permissive Gesellschaft triumphiert, die längst keine Argumente mehr hat.

Sprachmoden sind immer auch Indiz dafür, wie man sich jeweils zur Wirklichkeit verhält. Die ständige Wiederholung des ›Irgendwie‹ hat etwas von einem Zwangsvollzug, so daß man sich sehr bald dieses Verhältnisses gar nicht mehr bewußt ist und die Betroffenheit längst vergessen hat, die am Anfang der Mode stand.

Vergessen wir nicht: Die plötzliche Bevorzugung des Pronominaladverbs ›irgend‹ kündigte ein neues Fragen an, das freilich sehr bald den Mut verlor, auf eine Antwort zu warten. Zu guter Letzt bleibt nur noch der Gestus.

Sprachmoden sind Sprachstörungen, die erst durch das Eingeständnis ihrer Sprachlosigkeit behoben werden können, aber nur für Augenblicke, bis auch diese Einsicht wieder der Mode zum Opfer fällt. So gesehen, meint das vielbeschriebene Wort *Kommunikation* die Kunst, Moden möglichst schnell unter die Leute zu bringen, von denen Heraklit behauptet: *Anwesend sind sie abwesend.*

Ludwig Harig
Geborene Mitglieder, gestorbene Sprache
Geschichte von einem, der auszog, zur Sache zu kommen

Für Günther Jahr

Unlängst, auf der Gründungsversammlung des Vereins »Saarländisches Künstlerhaus Saarbrücken e.V.«, nachdem die Satzung schon besprochen, einige Male geändert, schließlich angenommen war, schlug ich vor, sie ganz neu zu fassen, am besten als Manifest, am schönsten als Gedicht. Wie erwartungsvoll hatte es doch geklungen, als André Breton in seinem kleinen prophetischen Zwischenspiel zum Dritten Manifest des Surrealismus ausgerufen hatte: »Gleich werden Seiltänzer kommen!« Da spitzte jeder die Ohren, rieb sich jeder die Augen, schnalzte jeder erwartungsvoll mit der Zunge: was würde es zu hören, zu sehen, zu schmecken geben? »Ein Narrenspiel aus dem Nichts!« wie Hugo Ball in seinem Entwurf zu einem Manifest des Dadaismus es sich gewünscht hatte: so etwas schwebte mir vor, ein blaues Band mit poetischen Sprüchen, wie es fröhlich im Luftzug flattert – und nicht ein Gängelband aus juristischen Wörtern.

Die versammelten Künstler, die Maler und Bildhauer, Weberinnen und Keramikerinnen, auch Schriftsteller, ja Dichter schauten mich entgeistert an. O Schreck, ich hatte mit dem Feuer gespielt, ich hatte mir die Zunge verbrannt. Was war das für ein törichter Einwurf, ein dummes Ansinnen, mit einem poetischen Manifest zu kokettieren anstatt eine sachliche Vereinssatzung zu akzeptieren. Die Künstler empfanden es als eine Zumutung, sie zischten und schüttelten die Köpfe, sie hatten ja recht, doch mir fiel es schwer auf die Seele, daß ich mitten unter Menschen saß, die sonst zwar malten und bildhauerten, Teppiche webten und Töpfe brannten, Betrachtungen, Erzählungen, Gedichte schrieben und auf allerlei spielerische Weise Blendwerk zündeten und Hallodri trieben, jetzt aber mit unbegreiflichem Starrsinn auf Satzung, Geschäftsordnung, Paragraphen versessen waren. Mir blieb nichts übrig, als Vernunft anzunehmen, ich mußte lernen, daß ein Verein kein lockerer Club, ein saarländisches Künstlerhaus kein Zirkus ist, und als der Versammlungsleiter sagte: »Kommen wir zur Sache«, da wußte ich, woran ich war, da wußte ich aber auch, wohin ich wollte.

Es war also die Sache, worauf es ankam, nicht der Mensch mit allen seinen Wünschen und Widersprüchen, nein, die Sache rückte in den Mittelpunkt der Betrachtung, und bei einer Vereinsgründung geht es um Sachfragen, um Sachbezogenheit, um Sachkenntnis. Das, was sachdienlich, sachgemäß, sachgerecht ist, ist der Verhandlung wert, der Sachkenner, der Sachverständige, der Sachwalter gilt etwas, was der Sachzwang erfordert, muß machbar sein, sagt der Sachbearbeiter und trifft seine satzungsimmanenten Sachentscheidungen. Der Mensch, der mit anderen Menschen zusammen zwar einen Verein bildet, verliert, in diesem Sachzusammenhang, seine Beschaffenheit als Mensch und verwandelt sich, ringsum an seinem ganzen Leib, in ein Glied, in ein Mitglied, ein ordentliches oder korrespondierendes, ein eingeschriebenes oder geborenes Mitglied.

Das war es, was mich so freudig erregt und bewogen hatte, unserem Künstlerhaus ein Gedicht, ein Manifest, vielleicht sogar eine feierliche Hymne als Satzung zu empfehlen, es war das Wort ›geborenes Mitglied‹. Dabei wäre es wohl gar nicht so weit gekommen, mich öffentlich als Clown und Komiker mit absonderlichen Ideen auszustellen, wenn mir nicht dieses Wort, diese Wendung, diese juristische Metapher wie ein Geläut in den Ohren geklungen hätte, so harmonisch und doppelsinnig auf einmal, daß ich darüber alle Sachorientierung der Geschäftsordnung vergaß und den seltsamen Anreiz dieses Wortes tief auskostete, fröhlich genoß.

Ja, harmonisch und doppelsinnig zugleich! Während sich im Mitglied die Verwandlung eines Menschen in eine Sache vollzogen hat, während also dieses einzelne Geschöpf in einer Reihe lebendiger Wesen, die schon zur Kette geworden ist, als Glied dieser Kette wirkt, behält das Geboren alle Qualitäten des Lebendigen, ruht im animalischen Wechsel von Werden und Vergehen und ist nicht, wie das Mitglied, vereinsinternen und sachbezogenen Zerreißproben ausgesetzt. Doch in diesem Widerspiel, in diesem Zusammentreten von ›Geboren‹ und ›Mitglied‹ waltet ein eigenartiger Zauber; und verbirgt sich nicht auch im musikalischen Wechsel der Vokale, im sanften Gleiten vom dunklen o zum hellen i ein köstlicher Reiz? »Geborenes Mitglied«, sagte der Versammlungsleiter, ein Beamter des Kultusministeriums, und wir Künstler, allesamt geborene Menschen mit Augen und Ohren und einer Zunge im Mund, die wir zusammentreten wollten als Glieder einer bunten Kette, als Blumengirlanden in einem Künstlerverein, schauten uns erwartungsvoll an, »geborenes Mitglied«, sagte der Versammlungsleiter, »geborenes Mitglied ist das Saarland«.

O Gott, nicht einmal ein Mensch mit Haut und Haaren durfte geborenes Mitglied sein, als geborenes Mitglied galt das Saarland, ein abstraktes politisches Gebilde, das vielleicht eher als alle anderen Länder unserer föderativen Republik menschliche Züge trägt, getauft und konfirmiert, zur Kommunion gegangen und gefirmt ist, auf allerlei Hochzeiten tanzt und neuerlich in die Wechseljahre gekommen ist, doch immer noch an den Sachschwächen der Konstruktion krankt, an Strukturmalaisen leidet, an ökonomischen und soziologischen Gebrechen laboriert und auf andere Weise unpäßlich ist als ein Wesen aus Fleisch und Blut. Sind die ordentlichen Mitglieder etwa nicht geboren, ist das geborene Mitglied nicht schon gestorben, bevor es recht zu Atem gekommen ist, und können sich Künstler, die als geborene Menschen ordentliche Mitglieder sind und einen Verein brauchen, in dem das Saarland, zur juristischen Person versachlicht, geborenes Mitglied ist, nicht begraben lassen?

Und doch, die schöne Metapher reizte mein Ohr, erregte meine Phantasie. Inmitten sachlicher Formulierungen, aus unartikulierten Geräuschen, dem Lallen und Röcheln gestorbener Sprache klang sie auf wie das Geläut einer lebendigen Stimme. Da wußte ich plötzlich: was ich am heutigen Deutsch nicht mag, ist sein Hang zur Entsinnlichung, zur Abflachung, zur Versachlichung, ist überhaupt die sprachliche Sachauseinandersetzung, alles häßliche Wörter, die ich besser nicht benutzen würde, anstelle derer ich lieber meine Geschichte weitererzählen möchte. Wir haben über Sachfragen gesprochen, sagt der Kanzler, Personalfragen erörtern wir später: so ist der Mensch nicht nur hinter die Sache an die zweite Stelle gerückt, sondern zum Personal verkommen; Honecker spricht nicht von der Befreiung der Arbeiterklasse, sondern von der Sache der Befreiung der Arbeiterklasse, spricht nicht vom Sozialismus, sondern von der Sache des Sozialismus. Es geht nur noch um die Sache, nur noch um Sachen, Augenmerk auf Sachen, Drang nach Sachen, Gewalt gegen Sachen. Dabei ist es nicht das Wort ›Sache‹, das mich stört, das ja ein schönes Wort ist und sogar hohen Wert gewinnt, wenn Gottfried Keller sagt: Die gute Sache muß die Streiter allmählich machen, nicht die Streiter die Sache, sondern was alles mit dem Wort geschehen ist und was, weil es mit dem Wort geschehen ist, auch mit dem geschieht, dem es zugedacht ist, dem Menschen, auch dem Streiter, den Gottfried Keller meint. Ursprünglich war die Sache nämlich die Rechtssache, war das Ding das Gericht, doch im Munde der Juristen, unter der Zunge der Politiker, auf den Lippen der Verwaltungsbeamten sind Wort und Wesen arg heruntergekommen.

Geborene Mitglieder, gestorbene Sprache! Das war der casus cnusus. Bis in meine Träume hinein verfolgte mich diese Antithese, und es wurde in meinem Kopf eine Affäre daraus. Mitten in der Nacht schrak ich zusammen, wachte auf, schweißgebadet, und ich fragte mich, ob nicht dem Menschen zuliebe die ganze juristische Sprache umgebaut werden müsse. Ich sprang aus dem Bett, lief aus dem Haus, einer, der auszog, zur Sache zu kommen, ich lief vom gescheiten Hans zur klugen Else, vom kunstreichen Sterngucker zum Doktor Allwissend und wäre, wie der Schweizer Grafensohn im Märchen von den drei Sprachen, am liebsten zu den Hunden, den Vögeln, den Fröschen gelaufen, um zu lernen, was die Hunde bellen, was die Vögel sprechen, was die Frösche quaken. Als dieser Jüngling nämlich das Bellen und das Quaken aufmerksam gehört, gut gelernt und richtig gedeutet hatte und Papst geworden war, aber nicht wissen konnte, wie er auf lateinisch eine Messe singen sollte, da setzten sich zwei Tauben auf seine Schulter und sagten ihm alles ins Ohr.

Ja, es war wie im Märchen, schließlich kam ich an beim Professor für Römisches Recht, und er traute mir. Er sah meine Not, er begriff, daß ich Hilfe brauchte, und er sagte Hilfe zu. Er führte mich über Treppen, führte mich durch Korridore, führte mich in finstere Gänge. Er führte mich an den Regalen der großen Bibliothek entlang, und immer ging er mir voran. Er zeigte auf die Rücken der Bände, die alle gleich aussahen, hier standen die Bände, die die Entscheidungen des Bundesgerichtshofes in Strafsachen, und dort standen die Bände, die die Entscheidungen des Schweizerischen Gerichtshofes enthielten. Er lächelte, zog an seiner Pfeife, klopfte sie aus und erzählte mir, daß es nicht nur geborene Mitglieder, sondern gekorene Mitglieder, daß es sogar geborene Inhaberpapiere und gekorene Inhaberpapiere gebe, daß darüber hinaus in der juristischen Sprache die Gepflogenheit eigentümlicher grammatischer Beziehungen herrsche und es genehmigungsfähige und zustimmungsbedürftige Papiere, abzugsfähige Steuerausgaben und kommunale Selbstverwaltungsgarantien gebe wie sonst nur in der verdorbenen Allerwelts- und Journalistensprache medizinische Spezialhäuser und griechische Ministerbesuche, grüne Gemüsefrauen und reitende Artilleriekasernen, und verwandelte sich auf diese komische Weise aus einem Professor für Römisches Recht in einen römischen Rechtsprofessor.

O ihr grammatischen Onkelehen, ihr falschen Beziehungen, ihr liederlichen Dreiecksverhältnisse! Selbst die Liebe ist zum Verhältnis, das Verhältnis zur Beziehung heruntergekommen, und die Richter, in ihrer versachlichten Prozeßrolle, reden die anwesenden Menschen nur noch in ihrer versachlichten Parteienrolle an. Der Beklagte will durch die Verweigerung der Unterhaltszahlung die Klägerin zu 1 nur zwingen, ihm den Kläger zu 2 herauszugeben, sagt der Richter an einem Zivilgericht in einem Streitfall, in dem eine Mutter mit Kind gegen den Vater klagt; und der Richter an einem Verwaltungsgericht weiß sogar, daß eine notwendige Beiladung im Verwaltungsgerichtsverfahren dasselbe was im Zivilverfahren die Streitverkündung zum Zwecke der Herbeiführung einer streitgenössischen Nebenintervention ist. Aber das ist selbst meinem Professor zu arg, er kennt seinen Cicero, er ruft die Zeit herauf, als die Rechte noch Lebewesen waren, blutvolle Rechte, die entstanden, eine Zeitlang lebten und wieder vergingen, ja, er beschwört das Goldene Zeitalter, als die Rechtssache noch eine Sache und kein versachlichtes Recht beziehungsweise eine juristische Versachlichung war, als es noch die Alma mater und den Doktorvater gab, ein einträchtiges metaphysisches Elternpaar, das aber längst zerstritten und einer hermaphroditischen Versachlichung anheimgefallen ist: der Doktorvater ist zugleich Promotionsamme und die Alma mater akademischer Ziehvater. Gummibusen, Strohmänner, Wechselbälge, o Schreck, wie soll man sich zurechtfinden in dieser versachlichten Welt? Eine logische Sekunde lang spielt der Strohmann den Gesellschafter und sonnt sich im verlängerten Eigentumsvorbehalt, sagt mein Professor, und mir raucht der Schädel. Im neuen Deutsch der Jurisprudenz sind dem Spekulantentum, dem Hasardspiel, dem Zufall Tür und Tor geöffnet, Toto und Lotto regieren die Amtszimmer, der Mensch ist in die Zähne des Totalisators geraten. Indem die Jurisprudenz aber das Zufällige zu ihrem Gegenstand mache, werde sie selbst zur Zufälligkeit, meinte Staatsanwalt von Kirchmann schon im Jahre 1848, und er sagte den bedeutsamen Satz: Drei berichtigende Worte des Gesetzgebers, und ganze Bibliotheken werden Makulatur.

»Sehen Sie!« rief mein Professor aus, ja, ich solle nur sehen, wie weit es unsere juristische Sprache gebracht habe, viel weiter noch, als ich es befürchtet hatte, da sei dringend Hilfe nötig, und einen Lichtblick gebe es auch schon, das Märchen von den drei Sprachen spiele nicht von ungefähr in der Schweiz, und nicht von ungefähr habe Gottfried Keller, ein Schweizer, diesen schönen Satz über die gute Sache gesagt. Streiter und Sache, Kämpfer und Knies, das ist der casus cnisus, der casus cnaccus, der casus cnusus! Die Sache ist nicht spruchreif, zitierte mein römischer Professor Cicero, jetzt aber sei es soweit, die Sache sei spruchreif geworden, sagte er, führte mich in einen schmalen Seitengang der Bibliothek, wo auf hohen Regalen Folianten und Bücher übereinandergetürmt standen. Er zog ein Buch aus der Reihe, setzte seinen Finger auf die Seite und sah mich an.

Ich las: »Am Nachmittag des 18. Juli fuhr Hans Würger mit einem Personenwagen durch die Hohlstraße in Zürich stadtauswärts. Als er sich der von rechts einmündenden Zufahrtsstraße zum Güterbahnhof Altstetten näherte, tauchte von dort her ein von Hans Lenker geführter Lastwagen auf...« Da saß ich, mit offenem Mund, mit aufgerissenen Augen, mit angehaltenem Atem, ich hielt inne, faßte mich ans Kinn, blätterte weiter und las: »Emil Rupff, Bauarbeitersekretär in Thun, war im September als Oberleutnant der Luftschutztruppe in Matten bei Leuk im Militärdienst. Als er an einem Abend mit einer dort wohnhaften, verheirateten Frau spazieren ging, wurde er von einigen Burschen in den Dorfbrunnen geworfen...« Mein Herz pochte, meine Pulse klopften, meine Schläfen platzten schier, wieder blätterte ich weiter und las: »Eberle und Soltermann begaben sich im November nach Marseille in der Absicht, nach Afrika auszuwandern. Da sie ihr Geld vertaten, bevor sie die Überfahrt antreten konnten, mußten sie wieder heimreisen. Auf der Rückreise lernten sie den aus Australien heimkehrenden Schweizer Hussi kennen...«

Was las ich da? Las ich etwa die ersten Sätze einer neuen Folge der *Züricher Novellen*, las ich die Fortsetzung der *Leute von Seldwyla*? Las ich Geschichten, las ich Erzählungen aus der schönen Literatur? Ich las neuere Entscheidungen des Schweizerischen Bundesgerichtshofes, mein Professor stopfte sich wieder die Pfeife, er schlug Feuer, sog noch inniger und blies noch temperamentvoller den Rauch in die Luft. Nein, das war nicht Schall und Rauch, das war ein Feuerzeichen, ein Fingerzeig, ein tröstlicher Wink. Das war ein Hinweis auf den Kern der Sache. Sollte es wirklich eine Rettung der juristischen Sprache in Deutschland geben? Und sollte diese Rettung aus der Schweiz kommen? So wie Peter Bichsel, auch ein Schweizer, in einem Gespräch gesagt hatte, dem historischen Bewußtsein müsse endlich ein erzählendes entgegengesetzt werden, der Geschichte müßten Geschichten folgen, die Menschen brauchten Modelle, mit denen sie sich ihr eigenes Leben erzählen könnten, denn nur das Leben, das man sich erzählen könne, sei ein sinnvolles Leben; eine friedliche Gesellschaft ist ganz sicher eine erzählende Gesellschaft, sagt Bichsel, nicht eine historisierende – ja, so wie Bichsel den erzählenden und den erzählten Menschen fordert, so wünsche ich mir das erzählende und das erzählte Recht.

Fürderhin sollte nicht mehr das versachlichende und das versachlichte Recht gelten, das ja auch den Menschen zur Sache, zur versachlichten Person gemacht hat, sondern ein bunter Novellenkranz, so wie ja auch der Code Napoléon eine Sammlung von Sentenzen, kein Paragraphenkatalog gewesen ist. Wie häßlich und falsch tönt es aus den Akten des Bundesgerichtshofs: »Nach dem Besuch einer Gastwirtschaft am 29. Oktober bat der Angeklagte seinen Bekannten M., von dem er irrig annahm, daß er im Besitz einer Fahrerlaubnis sei, ihn mit seinem, des Angeklagten, Pkw nach Hause zu fahren ... Zur Tatzeit hatte der Angeklagte eine Blutalkoholkonzentration von 1,16 ‰, M. eine solche zwischen 0,33 und 0,66 ‰ ...« Wie schön und wahr dagegen klingt es aus dem Schweizer Richtermund: »Konrad hielt sich am Abend des 3. Mai, einem Samstag, zusammen mit seiner Freundin in einem Restaurant in Gossau und anschließend in einem Restaurant in Herisau auf. Er konsumierte verschiedene alkoholische Getränke wie Bier, Wein, Café Lutz, Whisky in nicht mehr genau feststellbarer Menge ...« Hier ist der Mensch Mensch, hier ist die Sprache Sprache geblieben. Gibt es also Hoffnung, gibt es einen Silberstreif am juristischen Horizont?

Die Satzung unseres Künstlerhaus-Vereins ist am Ende doch noch juristisch überarbeitet, sprachlich versachlicht worden. Nun ist die schöne Metapher vom geborenen Mitglied getilgt, geborenes Mitglied, das ging den Künstlern doch zu weit. Das Versachlichte ist jetzt versprachlicht, das Versprachlichte versachlicht, so kann das opponierende Mitglied mit seinen törichten Phantasien und seinen schwankenden Gefühlen nicht mehr nach einem Gedicht rufen, wo eine Satzung am Platze ist, dachten die saarländischen Künstler. O weh, mit dem gestorbenen Mitglied ist auch die Sprache gestorben.

Harald Weinrich
Ich lasse mich nicht stören

Was mich an der gegenwärtigen deutschen Sprache stört? Das ist eine Frage, die ich mir aus eigenem Antrieb nie gestellt habe. Diese Frage betrifft ja eine Sprache, mit der ich aufgewachsen bin und in der ich meine wichtigsten Menschen- und Welterfahrungen gemacht habe, eine Sprache, die mich im Hören und Sprechen, Lesen und Schreiben täglich begleitet, die meinem Leben durchaus innerlich ist. Ich weiß gar nicht, wie ich zu dieser deutschen Sprache eine Einstellung finden soll, die mir erlaubte, sie ungeniert zu taxieren, um sie bei Gefallen nahe an mich heranzulassen, bei Mißfallen aber von mir fernzuhalten. Es ist eher umgekehrt meine Sorge, ob *ich* ihr wohl gefalle, anders gesagt, ob ich denn vor dieser deutschen Sprache bestehen kann, die so viel meisterlichen Umgang mit ihren Formen gesehen hat, daß einer wohl verstört werden mag, wenn er die eigenen kleinen Sprachversuche an den großen Mustern deutscher Sprachkultur messen will.

Natürlich habe ich, was diese deutsche Sprachkultur betrifft, auch meinen Negativkanon, und ich könnte leicht eine Reihe von Autoren bei Namen nennen, deren Deutsch, gesprochen oder geschrieben, mich ärgert. Aber ich käme bei ihnen nie auf den Gedanken, ihr schlechtes Deutsch der deutschen Sprache anzulasten. Das wäre ja eine bequeme Entschuldigung für alle, die sich beim Sprechen und Schreiben keine Mühe geben! Ich jedenfalls denke nicht daran, diese Sprachverächter so leicht aus ihrer Verantwortung für ihr (und mein) Deutsch zu entlassen.

Die Namen meines Negativkanons (es sind einige recht bekannte Namen darunter) behalte ich aber hier *in pectore*. Das hat zwei Gründe. Ich müßte erstens, um namentliche Sprachkritik zu üben, mehr Raum zur Verfügung haben, als mir hier gewährt ist. Eine Art *Fackel* wäre dafür nötig. Wichtiger ist mir aber der zweite Grund, der persönlicher Natur ist und speziell die geschriebene Sprache betrifft. Ich bin ein professioneller Leser, und das bedeutet in diesem informationswütigen Zeitalter, daß ich sehr viel zu lesen habe, aber noch sehr viel mehr lesen müßte, als ich je lesen kann. Unter diesen Bedingungen brauche ich, aber wahrscheinlich nicht nur ich, eine Strategie, um mich der drohenden Informationsflut zu erwehren. Da hat es sich nun für mich bewährt, bei allen Informationen, die mir angeboten werden, von Anfang an auf die Sprache zu achten. Was in gutem Deutsch geschrieben ist, so habe ich gefunden, ist auch meistens gut gedacht und verdient daher wahrscheinlich auch wegen seines Inhalts eine aufmerksame Lektüre. Schlechtes Deutsch ist hingegen ein relativ (nicht absolut!) zuverlässiger Anzeiger für Nachrichten, die auch in ihren Inhalten leicht vernachlässigt werden können. Vor allem aus diesem Grunde sind mir die Autoren, deren Deutsch mir mißfällt, relativ schlecht bekannt: ich habe die Lektüre fast immer vorzeitig abgebrochen und statt dessen nach anderen, besser geschriebenen Büchern gegriffen.

Eben darum steht mir auch mein Positivkanon, meine private Ruhmesliste, mein heimliches Pantheon deutscher Sprachkultur viel deutlicher vor Augen. Aus ihm will ich hier nur zwei Autoren bei Namen nennen, weil ihnen beiden die deutsche Sprache nicht frагloser Alltagsbesitz ist: Elias Canetti, der als Autor vielleicht deshalb ein so makelloses Deutsch schreibt, weil er diese Sprache erst als seine dritte Sprache gelernt und sie mit Wunsch und Willen zu seiner Literatursprache erwählt hat – und Norbert Elias, der als Wissenschaftler sein gutes Deutsch mit ins Exil genommen und es im Triumph zurückgebracht hat. Andere Namen, es wären zu viele, will ich hier nicht nennen; wer sie erfahren will, findet sie auf den Rücken meiner zerlesensten Bücher.

Nun bin ich aber von Beruf Sprachwissenschaftler, Linguist. Zu meinen beruflichen Aufgaben gehört es, die deutsche Sprache (und andere Sprachen) zu analysieren, zu beschreiben und zu lehren. Ist das nun eine Tätigkeit, bei der vielleicht objektiver zutage tritt, was einem nüchternen Beobachter an der deutschen Sprache gefallen oder mißfallen kann? In der heutigen Linguistik, die sich einem strengen, wertfreien Deskriptivismus verpflichtet fühlt, sind indes solche Gesichtspunkte überhaupt nicht vorgesehen. Bei allen Sprachbeschreibungen ist immer schon unterstellt, daß die Strukturen des Sprachsystems den Verständigungszwecken entsprechend entwickelt sind, sonst könnte eine Sprachgemeinschaft gar nicht überleben. Das ist für jeden Linguisten eine so selbstverständliche Grundlage seiner Arbeit, daß gar keine Methoden bekannt sind, mit denen die größere oder geringere Tauglichkeit einer Sprache für die Verständigungszwecke einer Gesellschaft ermittelt werden könnte. Auch beim Sprachvergleich der kontrastiven Linguistik geht es nie um einen Wertvergleich zwischen verschiedenen Sprachen. Sprachkritik, was immer darunter verstanden sein mag, ist daher in der wissenschaftlichen Sprachbetrachtung der Gegenwart niemals globale Systemkritik. Auch ist aus der historischen Sprachwissenschaft kein Fall bekannt, daß eine Sprache wegen manifester Strukturmängel versagt hätte und aus diesem Grund von ihren Sprechern aufgegeben worden wäre. Wann immer eine Sprache unter historisch beobachtbaren Bedingungen untergegangen ist, lassen sich die Gründe aus politischen oder kulturellen Konflikten herleiten. So hat beispielsweise die lateinische Sprache als Herrschafts- und Kultursprache des Römischen Reiches im Mittelmeerraum viele andere Sprachen und Mundarten, die geringeres politisches und kulturelles Gewicht hatten, verdrängt und zum Aussterben verurteilt. Ein Überlegenheitsbeweis der lateinischen *Sprache*, beispielsweise gegenüber der etruskischen oder gallokeltischen Sprache, ist daraus nicht ableitbar.

Sind also alle Sprachen gleich gut? Diese Frage läßt nur dann eine sinnvolle Antwort zu, wenn sie nicht absolut, sondern relativ beantwortet werden soll. Relativ zu den Verständigungszwecken einer Gesellschaft sind tatsächlich alle Sprachen gleich tauglich und gut. Das hindert uns jedoch nicht, einige Sprachen dieser Erde (mehr als einem beim ersten Nachdenken einfallen) Kultursprachen zu nennen. Und sicherlich ist die deutsche Sprache, der die Sprachspuren Luthers, Lessings, Goethes, Nietzsches und vieler anderer meisterlicher Autoren der Vergangenheit und Gegenwart eingeschrieben sind, eine Kultursprache, in der man mehr sagen und differenzierter schreiben kann als – um den Vergleich auf die germanische Sprachenfamilie zu begrenzen – im Friesischen, das sich nur an begrenzten Verständigungsaufgaben erproben konnte. Humboldts eurozentrisches Sprachweltbild jedoch, demzufolge die flektierenden Sprachen, unter denen man auch das Deutsche findet, den agglutinierenden und isolierenden Sprachen anderer Erdteile schon in ihrer grammatischen Grundstruktur überlegen sind, hat der wissenschaftlichen Kritik nicht standhalten können. Sprachentypologien, so hat sich herausgestellt, eignen sich nicht als Wertrangordnungen. Es besteht folglich auch kein Grund dafür, daß jemand etwa am gegenwärtigen Deutsch Anstoß nimmt, weil es seine Flexionsformen eher vermindert als vermehrt (›im Wald‹ statt ›im Walde‹, ›würde bieten‹ statt ›böte‹ usw.). Umgekehrt besteht auch kein Anlaß, diesen Prozeß etwa deshalb absichtlich zu beschleunigen, weil die deutsche Sprache gerade wegen ihres Reichtums an Flexionsformen in der Welt als schwere Sprache gilt. Die deutsche Sprache ist, aufs ganze gesehen, nicht schwerer als irgendeine andere Sprache gleichen kulturellen Ranges. Beweis: Deutsche Kinder lernen bis zum Wachstumsalter von etwa vier Jahren ihre Sprache beherrschen. Sie brauchen also nicht mehr Zeit für ihren Spracherwerb als Kinder in anderen Ländern. Es mag jedoch sein, daß die deutsche Sprache Ausländern als besonders schwer *erscheint*, da sie im Unterricht als Fremdsprache auch heute noch darunter leidet, daß die herrschende Grammatik in Griechenland und Rom entstanden ist und von den Bedingungen ihrer griechisch-lateinischen Herkunft her die Strukturen der deutschen Sprache manchmal unvorteilhaft zur Geltung bringt.

Ich will das an einem Beispiel erläutern. Als sich Jacob Grimm im Jahre 1847 in seinem Akademievortrag »Über das Pedantische in der deutschen Sprache« das Recht herausnahm, die deutsche Sprache, zu deren Lob und Ehre er so viel getan hat, auch einmal zu schelten, *hat* er auch »das peinliche Trennen des Hilfsverbs vom dazugehörigen Participium als pedantisch« *getadelt*. (Ich habe diese Struktureigenschaft der deutschen Sprache im voraufgehenden Satz nachgebildet und die beiden Verbteile durch Kursivdruck markiert.) Jacob Grimm verweist zum Kontrastvergleich auf die französische Sprache, in der die Formen eines zweiteiligen Verbs immer nahe beieinanderstehen, so daß niemand verzweifelt auszurufen braucht: *»J'attends le verbe.«* Dies ist ein aufschlußreiches Beispiel dafür, wie auch Jacob Grimm, der weiß Gott der deutschen Sprache gerecht werden wollte, dennoch in seinem Sprachbewußtsein von lateinisch-romanischen Mustern gesteuert und auf diese Weise daran gehindert wurde, die Klammerstruktur des deutschen Satzes und die daraus resultierenden Regeln der Informationsprogression unvoreingenommen wahrzunehmen. Von ähnlicher Art sind auch die anderen Pedanterien, die Jacob Grimm an der deutschen Sprache bemerkt haben will, vom pedantisch-höflichen »Sie« (statt des »herzlichen einfachen du«) bis zum »verwerflichen mißbrauch großer buchstaben für das substantivum, der unserer pedantischen unart gipfel heißen kann«.

Nein, – und hier muß ich dem großen Jacob Grimm, der sich um die deutsche Sprache hochverdient gemacht hat, heftig widersprechen – ich finde in dieser langen Liste von Pedanterien der deutschen Sprache nichts, was mich an dieser Sprache störte. Nicht das höfliche ›Sie‹, das nur in einem Zipfel seiner Bedeutung erfaßt ist, wenn man von dieser Höflichkeitsform sagt, sie sei aus dem spanischen Hofzeremoniell hergeleitet. Ebensowenig stört mich die Klammerstruktur des deutschen Satzes, der gerade aus ihr seine Kraft und Spannung bezieht. Und nicht einmal die großen Anfangsbuchstaben der Substantive stören mich, da sie doch dem lesend wandernden Auge so glücklich beim Lesen helfen.

Zum Abschluß will ich nur noch die Frage streifen, ob die deutsche Sprache der Gegenwart wohl von einer ›Überfremdung‹ durch das fast ungehemmte Eindringen kultureller und subkultureller Lehn- und Fremdwörter bedroht ist. Ich will nicht in Abrede stellen, daß auch mich hier manches überflüssige Neuwort ärgert. Aber wenn es mich ärgert, gebrauche ich es eben nicht. Viel stärkere Abwehrreaktionen als diese mobilisiere ich nicht gegen die »Fremdwörterei«, wie man früher zu sagen pflegte, da sich die Welt noch weniger mischte, als sie heute zu tun geneigt ist. Haben nicht Nietzsche und Toynbee die Kultur überhaupt als ein Mischungsphänomen bezeichnet? Ich meine, das darf, vernünftig dosiert, auch für unsere Sprachkultur gelten.

Günther Drosdowski
Thesen einer kritischen Sprachwissenschaft mit persönlichen Vorbemerkungen

Die Einsicht, daß Sprache nicht immer und überall gleich ist und sich unaufhörlich wandelt, gewann ich schon früh: So sprach meine Großmutter noch nach französischem Vorbild »Mam*a*« und »Pap*a*« mit Endbetonung aus und forderte diese Aussprache auch von mir, erklärte mir gar, daß die Anfangsbetonung ungehörig sei. Mein Großvater verlieh einer Aussage nicht wie ich mit »vielleicht« Ungewißheit, sondern mit »amende«, einer merkwürdigen norddeutschen Zusammenziehung, die ich in meinen Sprachgebrauch nicht übernahm, und meine Eltern verwendeten – selbst beim Mittagessen – völlig unbekümmert das Wort ›geil‹, sprachen von »geilem Wachstum« und »geilen Pflanzen«, so daß ich mit der Bedeutung ›geschlechtlich erregt‹ im Kopf verschämt auf das Tischtuch starrte.

Zu der Erkenntnis, daß Sprache sich wandelt, gesellte sich auf der Universität das Wissen, daß dieser Wandel auch als zielgerichtet aufgefaßt werden kann, man also nicht nur vor Veränderungen stehe, sondern vor einer Entwicklung. Mit dieser evolutionistischen Betrachtungsweise der Sprache, so lernte ich, würden Hand in Hand Wertungen gehen: Die einen legten den Finger auf Einebnungen im Vokalismus, auf den Verlust von Formen und klanglicher Schönheit und prognostizierten Verfall und Untergang, die anderen glaubten, daß die Sprache an Reichtum und Ausdruckskraft gewonnen habe und sich, gewiesen von dem in ihr waltenden Geist, vervollkommne. Ein Vertreter der Fortschrittsrichtung, der Juditter Johann Christoph Gottsched, war sogar fest davon überzeugt, daß die Sprache nicht erst in utopischer Ferne, sondern sozusagen vor seinen Augen den höchsten Grad der Vollkommenheit erreicht habe, und verlangte daher, die Sprache »bey der itzigen Art, sie zu reden und zu schreiben, zu erhalten«.

Einer evolutionistischen Betrachtungsweise konnte ich mich nicht anschließen. Ich war der Meinung, daß man nicht von Entwicklung, sondern nur von Anpassung der Sprache an die wechselnden Bedürfnisse des Menschen sprechen könne – und merkte erst später, daß auch ständiger Anpassung ein evolutives Moment innewohnt. Ich hielt es auch nicht für vertretbar, positive oder negative Wertungen vorzunehmen, von besser oder schlechter, von Vervollkommnung oder Verfall zu reden, Wertungen – daran gab es keinen Zweifel für mich – konnten sich lediglich auf sprachwissenschaftliche Theorien, aber nicht auf die Sprache beziehen. Auch hierbei ging mir erst später auf, daß Wertungen sehr wohl möglich sind, in jedem Falle dann, wenn man den Blick von der Sprache auf den Sprachgebrauch lenkt, wenn man sich damit befaßt, wie von den Mitteln und Möglichkeiten der Sprache Gebrauch gemacht wird.

Bei der wissenschaftlichen Beschäftigung mit der deutschen Gegenwartssprache, vor allem bei ihrer Kodifizierung in Wörterbuch und Grammatik, wurde mir immer klarer, daß eine Sprachwissenschaft, die Wertfreiheit zu ihrer obersten Maxime macht und sich auf einen rein deskriptiven Standort zurückzieht, schlecht beraten ist. War es nicht auch die Aufgabe der Sprachwissenschaft, kodifizierte Norm und Sprachgebrauch zu überprüfen, Normunsicherheiten zu klären und Verantwortung für die institutionalisierte Einheitssprache zu übernehmen? Wer, wenn nicht die Sprachwissenschaft, sollte aufdecken, wie mit sprachlichen Mitteln verschleiert und manipuliert wird, sollte dafür sorgen, daß Sprache nicht von oben, von Politik und Verwaltung, verschlissen wird, oder darauf achten, daß der Fachmann sich auch dem Laien verständlich macht? Eine Sprachwissenschaft wünschte ich mir, die auch kritisch Stellung nimmt, die auch die Stimme erhebt, wenn zwar nicht die Sprache verfällt, wohl aber der Verfall sprachlicher Fähigkeiten unübersehbar ist.

Einige Thesen im Sinne einer kritischen Sprachwissenschaft habe ich im folgenden formuliert – nicht mit dem Blick auf einen abgeschlossenen Katalog, sondern als Anstoß, als Aufforderung an die Sprachwissenschaft, eine Art Sprachkatechismus zu schaffen.

Loyalität

Die deutsche Sprache ist eine voll ausgebildete Kultursprache. Sie wird allen Anforderungen gerecht, erfüllt auch die Aufgaben, die ihr Wissenschaft und technischer Fortschritt stellen. Es besteht keine Notwendigkeit, die Loyalität gegenüber der deutschen Sprache aufzugeben.

Auch die Wissenschaftler sind verpflichtet, sich gegenüber der deutschen Sprache, die unsere Kultur trägt und vermittelt, loyal zu verhalten und die Ergebnisse ihres Forschens der Gesellschaft in Deutsch zugänglich zu machen. Sie sollten sich nicht, wenn sie im deutschsprachigen Raum publizieren oder vortragen, einer anderen Sprache bedienen.

Alle Verantwortlichen sollten darauf achten, daß Wissenschaftler nicht – aus Imponiergehabe oder um höhere Zitierquoten zu erreichen – ins Englische auswandern und damit die Wissenschaftssprache als Quelle der Erweiterung der Gemeinsprache verlorengeht.

Rechtschreibung

Eine einheitliche Rechtschreibung ist für die schriftliche Kommunikation in unserer Gesellschaft unerläßlich. Die Rechtschreibung muß daher an der Schule erlernt und geübt werden. Sie sollte aber weder als Indiz für Intelligenz noch als oberstes Kriterium für die Beurteilung der Leistungen in der Schule und in der Berufsausbildung gelten.

Das graphische Gewerbe hat die Pflicht, sich strikt an die orthographischen Regeln und die danach festgelegten Schreibweisen zu halten und darauf zu achten, daß nicht durch Doppel- oder Mehrfachschreibungen das Lesen und das Textverständnis erschwert werden. Es sollte der Nachahmung englischer Schreibgewohnheiten, z. B. »Schiller's Werke« (mit Apostroph) oder »Centrum« und »Camera« (mit ›C‹), entgegenwirken.

Wer sich an die Allgemeinheit wendet, sollte nur gemeinsprachliche, aber nicht fachsprachliche Schreibungen verwenden. Die Presse sollte also z. B. »Akne« oder »Kalzium« schreiben, aber nicht wie im medizinischen Schrifttum »Acne« oder chemisch-fachsprachlich »Calcium«.

Sprachrichtigkeit

Die Standardsprache, die die Verständigung über regionale, soziale und berufliche Schranken hinweg ermöglicht und den Interessen der ganzen Gesellschaft zu dienen hat, ist eine normativ geregelte Sprache. Es ist naiv zu glauben, daß diese Sprache auf Normen verzichten kann.

Die Schule hat die Aufgabe, das Verständnis für die Normativität der Standardsprache zu wecken und ihre Normen zu vermitteln. Sie muß dafür sorgen, daß die Schüler – vor allem lesend und schreibend – mit dieser Sprache umzugehen lernen und sie so gut wie möglich beherrschen. Sie darf an die Stelle von Sprachrichtigkeit nicht Beliebigkeit setzen.

Wer sich gegen die Vermittlung von sprachlichen Normen in der Schule wendet, verkennt, daß der Weg zur Sprachbeherrschung, zur mündigen und schöpferischen Sprachhaltung nur über die Erlernung und Kenntnis der Normen geht. Wer die Standardsprache als Gruppensprache der Privilegierten und als Instrument der Herrschaftsstabilisierung verteufelt, handelt nicht nur töricht, sondern auch undemokratisch.

Namen

Namen sind für die Orientierung in der Welt und die Herstellung von Beziehungen überaus wichtig. Es ist unsere Aufgabe, den historisch gewachsenen, der Sprachgemeinschaft aus Geschichte und Literatur vertrauten Bestand an Namen zu sichern und nicht etwa »Prag« zugunsten von »Praha« aufzugeben oder »Lac Léman« an Stelle von »Genfer See« zu gebrauchen.

Die Massenmedien sollten darauf achten, daß Schreibungen, die sich eingebürgert haben, nicht durch die gedankenlose Übernahme der Schreibung englischer Nachrichtenagenturen unterlaufen werden, z. B. »Tokio« durch »Tokyo« oder »Simbabwe« durch »Zimbabwe«, oder bewußt durch die Übernahme neuer Umschriftsysteme ersetzt werden, etwa »Peking« durch »Beijing« oder »Mao Tse-tung« durch »Mao Zedong«.

Auch die eingedeutschte Aussprache von Namen sollte nicht – wie es häufig von Sprechern im Rundfunk und Fernsehen oder auch aus Bildungsdünkel geschieht – durch die landesübliche oder eine der landesüblichen Aussprache ähnliche ersetzt werden, z. B. bei Barcelona durch »barθelona« oder bei Budapest durch »budåpescht«.

Abkürzungen

Abkürzungen haben die Aufgabe, ein Gespräch oder einen Text zu entlasten; sie dienen der knapperen und schnelleren Information, und man kann sie daher nicht grundsätzlich ablehnen. Es wäre überaus umständlich und zeitraubend, würden zum Beispiel Teilnehmer an einer Diskussion über Fernsehprogramme immer wieder »Zweites Deutsches Fernsehen« statt »ZDF« und »Arbeitsgemeinschaft der öffentlich-rechtlichen Rundfunkanstalten der Bundesrepublik Deutschland« statt »ARD« sagen.

Abkürzungen sollten aber immer dann vermieden werden, wenn sie die Verständigung beeinträchtigen oder gar zu Mißverständnissen führen. Man sollte stets darauf achten, daß man einen Text nicht mit Abkürzungen überlädt und damit das Verständnis erschwert, und man sollte nur Abkürzungen verwenden, die dem Gesprächspartner oder Adressaten vertraut sind, z. B. innerbetriebliche Abkürzungen nicht Außenstehenden zumuten.

Behörden sollten Abkürzungen der Rechts- und Verwaltungssprache dem Bürger gegenüber nur zurückhaltend gebrauchen und darauf achten, daß beim ersten Vorkommen im Text die vollständige Bezeichnung in Klammern hinzugefügt wird.

Fremdwörter

Fremdwörter erfüllen in der deutschen Sprache wichtige Funktionen. Sie erlauben oft kürzere und genauere Aussagen, ermöglichen stilistische und inhaltliche Nuancierungen und spielen eine wichtige Rolle beim Aufbau von Fachwortschätzen. Es ist töricht, sie in Bausch und Bogen zu verdammen.

Fremdwörter sollten aber überall da vermieden werden, wo Gefahr besteht, daß sie der Hörer oder Leser nicht oder nur unvollkommen versteht. Abzulehnen sind Fremdwörter auch dann, wenn sie zur Manipulation, z. B. in der Sprache der Politik oder Werbung, verwendet werden oder wenn sie ohne besondere stilistische, syntaktische oder inhaltliche Funktion lediglich als intellektueller Schmuck, aus Bildungsdünkel oder Prahlerei benutzt werden.

Grundsätzlich zu verurteilen sind die gedankenlosen Übernahmen aus dem Englischen und die papageienhaften Nachahmungen englischer Sprachgewohnheiten, wie sie selbst in den Massenmedien praktiziert werden und die zu einem scheußlichen Kauderwelsch führen: »in 1985« (statt »1985« oder »im Jahre 1985«), »Verhandlungen canceln« (statt »absagen«), »sich free and easy (statt »frei und leicht«) fühlen« oder »Haben Sie einen netten Tag« (statt »Ich wünsche Ihnen einen schönen Tag«).

Uwe Pörksen

Armut, Undurchsichtigkeit und Länge. Drei Schwächen unseres Sprachgebrauchs in Wissenschaft und Öffentlichkeit

Corruptio optimi pessima. Wenn das Beste verdirbt, wird es zum Schlechtesten.

Noch nie haben so viele Menschen bei uns Zugang zu den Wissenschaften gehabt wie heute, konnte eine Million Studenten die Universität besuchen. Noch nie hat so viel kluger wissenschaftlicher Aufwand die praktische Lehrerausbildung und die Schulen insgesamt getroffen. Und zu keiner Zeit ist wissenschaftliche Aufklärung so weit in alle Lebensbereiche und Nischen unserer Gesellschaft vorgedrungen. Das könnte optimistisch stimmen, aber die Stimmung entspricht dem nicht. Und tatsächlich sind zugleich drei gegensätzliche Extreme zu verzeichnen:

Keine Studentengeneration stand bisher vor einem so schwer zugänglichen und unüberschaubaren wissenschaftlichen Sprachverhau. Keine Generation von Referendaren und Schülern war jemals in ein so bürokratisch aufgefächertes, scholastisches Sprachnetz eingespannt.

Und das von ungezählten bunten wissenschaftlichen Flicken durchsetzte öffentliche und private Sprachkleid scheint kein immer komplexeres, sondern eher ein einfacheres Weltbild nach sich zu ziehen.

An der Korrumpierung des Besten ist eine Veränderung der Sprache ernstlich beteiligt.

Wie das?

I

Um die Wissenschaft voranzutreiben, genügt sehr oft ein Bleistift, ein Stoß Papier und eine gute Bibliothek. Die Umgebung einer Universität ist sicher nicht immer nachteilig, notwendig ist sie nicht; notwendig ist das Gespräch mit beschlagenen, gescheiten Leuten und eine sachliche Leidenschaft.

Unter so gearteten Bedingungen stellt sich eine sachdienliche, durchsichtige Sprache beinahe von selbst ein. Sie wird dann nicht nur klar, ökonomisch und genau, sondern, wenn der liebe Himmel will und sie auf dem Gespräch aufruht, auch lebendig.

Muß eine wissenschaftliche Sprache nur sachdienlich, darf sie nicht auch fachlich sein? Ich glaube, man wäre ein puritanischer Spielverderber, wenn man nicht sogar eine gewisse Zünftigkeit bejahen würde. Daß wir uns von anderen abheben, macht uns oft erst vergnügt; es begrenzt uns, macht uns komisch und – liebenswert. Es vermittelt ein Gefühl, zusammenzugehören.

Die Zunftsprache ist aber mehr als ein sozialer Rahmen oder ein Berufskittel. Sie ist *das* Handwerkszeug. Es hat fast schon einen Wert in sich, über ein geeignetes Instrumentarium zu verfügen und es sauber und fachgerecht einzusetzen. Ein solcher Sprachgebrauch ist ein Genuß für den Benutzer wie für den Zuschauer. Er macht die wissenschaftliche Arbeit lernbar, nachahmbar, wiederholbar.

Genau besehen, führt in der Wissenschaft das Sachdienliche geradezu zum Zünftigen. Wenn wir uns in einem Fach klar, ökonomisch und genau ausdrücken wollen, so zwingt das fast dazu, eine genormte und homogene Zeichensprache zu entwickeln, in der wir uns abkürzend verständigen können.

Eine Mandarinensprache hat also ihre Vorzüge. Ihre Nachteile liegen auf der Hand:

- sie schließt die Öffentlichkeit aus;
- sie kann, weil sie lernbar, nachahmbar und wiederholbar ist, als homerischer Nebel benutzt werden, der ein Nichts verhüllt;
- sie erweitert und differenziert sich ständig, weil das den Wissenschaften innewohnende Prinzip der freien Konkurrenz ständig dazu anhält, den überlieferten Zeichenvorrat in Frage zu stellen, bis dahin unbestimmte Begriffe zu definieren, auszuarbeiten und zu vermehren. Der konkurrierende Fortschritt selbst führt sozusagen automatisch zu einer sich verästelnden Sprache.

Man kann allerdings beobachten, daß die großen Mandarine die Neigung haben, sich an den Bleistift und den Papierblock zu erinnern, durchsichtig zu schreiben, sich von der überlieferten und oft verkünstelten Sprache unabhängig zu machen und sich unmittelbar gegen die Sachen zu stellen.

Und man darf hinzusetzen: in vielen Fächern war eine durchsichtige Bildungssprache bis vor gar nicht langer Zeit gang und gäbe.

II

Das hat sich geändert. Der Zustand unserer Wissenschaftssprache war in den letzten zwanzig Jahren auffallend schlecht; die Sprache der Kulturwissenschaften oder Soziologie, Pädagogik oder Medizin ist in diesem Zeitraum so undurchdringlich geworden oder auch einfach heruntergekommen wie in keinem vorherigen. Und was womöglich noch unangenehmer ist: das Unterrichtswesen und ungezählte Lebensbereiche haben diese neue wissenschaftliche Sprache zum Modell genommen, sich dem sprachlichen Vorbild angeschlossen, unsere öffentliche Bildungssprache ist durchsetzt von wirklicher oder scheinhafter Wissenschaftlichkeit oder Fachlichkeit.

Beispiele liegen auf der Straße. Studienreferendare lernen: »Unterricht ist das Insgesamt der bildungs- und erziehungsrelevanten Lehr-/Lernaktivitäten, bezogen auf Situationen und sich entfaltend in Prozessen.«

In welchen Begriffen lassen sich die Mängel dieser Sprache fassen, wie lassen sich ihre Schwächen auf den beliebten ›Punkt‹ bringen?

Die Moderne Linguistik hat sich seit den sechziger Jahren von solchen Fragen zurückgezogen, mehr noch, sie hat der lebendigen Sprachkritik der fünfziger Jahre fast den Garaus gemacht. Sie hat das getan, indem sie auf linguistische Mängel und Fehler, z. B. im *Wörterbuch des Unmenschen* von Storz, Sternberger, Süskind oder in Karl Korns *Sprache in der verwalteten Welt* hinwies, aber selbst nicht einmal den Versuch unternahm, Sprachkritik ernsthaft zu verteidigen und sie theoretisch wie praktisch zu begründen. Die Diskussion zwischen Sprachkritikern und Sprachwissenschaftlern versandete oder blieb liegen.

Die publizistische Sprachkritik nach 1945 ist vielleicht tatsächlich nicht eindeutig zu beurteilen, nicht immer klar und genau genug fundiert; und es wäre vermutlich besser, sich bei dem neuen Entwurf einer Sprachkritik auf die Geschichte, auf Autoren überragenden Formats wie Leibniz, Gottsched, Campe, Jochmann zu besinnen. Sie verfügen in verschiedener Hinsicht über ein Instrumentarium: Sie haben ein Sprachvorbild, nämlich Frankreich, und im Fall Jochmanns, auch England. Sie gehen von einer klaren Diagnose der Sprache ihrer Zeit aus. Und sie formulieren das Ideal einer vollkommenen Sprache. Sie erwarten konkret von einer vollkommenen Sprache drei Eigenschaften:

›Reichtum‹ – also Differenziertheit des Ausdrucks,

›Reinigkeit‹ bzw. ›Deutlichkeit‹ – die beiden Begriffe intendieren das gleiche, und

›Glanz‹ bzw. ›Kürze und Nachdruck‹ – also eigentlich Stil.

Der lang verschollene Carl Gustav Jochmann, der von den Deutschen der ›Goethezeit‹ meinte, sie seien ein stummes Volk, ein Volk ohne Sprache, gab dieser Trias eine kritische Wendung; er beobachtete und bekämpfte die Kehrseiten jener Vollkommenheiten und nannte sie ›Unbestimmtheit‹, ›Unverständlichkeit‹ und ›Härte‹.

Sind diese Kategorien brauchbar, um den gegenwärtigen Sprachzustand zu erfassen?

III

Man könnte vermuten, wenn man den wachsenden Umfang des allgemeinen Wortschatzes und der Spezialwortschätze vor Augen hat, unsere Sprache zeichne sich aus durch *Reichtum*. Beim genaueren Hinsehen ergibt sich etwas anderes. Wir erleben ein Anwachsen, geradezu alltäglich einen massenhaften Ausstoß neuer Wörter, und die Expertensprache und Wissenschaftssprache fächern sich auf und differenzieren sich ins Unübersehbare.

Die Gebrauchssprache dagegen schrumpft. Der allgemeine Sprachgebrauch, von dem doch hier die Rede sein muß, der *usage*, verarmt zusehends. Es fehlt uns in den Bereichen, über die wir umgangssprachlich, nah, konkret reden wollen, an Differenziertheit des Ausdrucks, an jenem »Überfluß«, von dem Leibniz sprach, »an bequemen und nachdrücklichen Worten, so zu allen Vorfälligkeiten dienlich, damit man alles kräftig und eigentlich vorstellen und gleichsam mit lebenden Farben abmalen könne«. Der Ausdruck verdorrt. Das gilt für die Sprache der Wissenschaften wie für die von ihnen dominierten Lebensbereiche. Der Satzbau wird monoton und schematisch, und es fehlt an nuancierendem Rhythmus. Eine stereotype kleine Liste von blassen, funktionalisierten Verben wie ›aufweisen‹, und von abstrakten Substantiven wie ›Bevölkerung‹ werden benutzt, um statische Relationen abzubilden. Die stehende Redewendung herrscht vor. Ganze Erfahrungsfelder werden auf die Flasche einiger weniger Begriffe oder starrer Metaphern gezogen. Allerweltsworte wie ›Kommunikation‹, ›Sexualität‹, ›Information‹, ›Beziehung‹ verdrängen nunancierte Ausdrucksfelder. Unsere Sprache tendiert zur standardisierten Verödung.

Niemand wird sagen, daß die Gegenwartssprache durch *Reinigkeit* charakterisiert sei; dagegen könnte jemand fragen, ob ›Reinigkeit‹ denn ein Wert sei. Ich glaube, durchaus. Man darf darunter eben nur nicht einfach die Abwesenheit von ›Fremdwörtern‹ verstehen; schon Leibniz schrieb, er halte die »Ausmusterung ausländischer Wörter [...] für das Geringste«. Er war kein strikter Purist. Zur Frage des Gebrauchs der sogenannten ›Fremdwörter‹, deren Verfolgung später, zu Zeiten der Hochkonjunktur des Nationalgedankens, das Anliegen einer verkommenen Sprachkritik wurde, nimmt er differenziert Stellung. Was er unter dem Namen ›Reinigkeit‹ anstrebt und was später von Gottsched zu Recht als ›Deutlichkeit‹ gefaßt wird, ist eher ›Einheitlichkeit‹. Er meint den fast allen gemeinsamen und durchsichtigen Sprachraum.

Man vermeidet zur Zeit eher die, wie das Vorurteil lautet, blauäugige einheitliche Durchsichtigkeit und kommt lieber in gestelzter Kompliziertheit daher, unsere Umgangssprache ist durchmischt mit Lehnwörtern aus dem Amerikanischen und, sehr viel wirksamer, durchsetzt von Anleihen bei den prestigestarken Wissenschaften. In diesen wiederum spreizt man sich mit Lehngut, mit Darstellungstechniken aus den angesehenen Leitdisziplinen. Der Linguist oder der Soziologe oder der Pädagoge staffiert sich aus als Naturwissenschaftler, man mischt Terminologien und Bildfelder bis zur Undurchsichtigkeit. Im äußersten Fall wird die Sprache zur puren Attrappe.

Wie diese Anleihen zur Undurchsichtigkeit beitragen, so noch mehr die Auffächerung der Gesamtsprache in stereotype Spezialsprachen. »Manchmal scheint es so, als wolle die List einer seltsamen Unvernunft uns auf dem Umweg über die Sprache wieder in eine mittelalterliche Zunftgesellschaft zurückverwandeln«, sagte Gustav Heinemann bei der Einweihung des Literaturarchivs in Marbach (16. Mai 1973). Auch hier darf man annehmen, daß die »Fremdwörterei« das geringste ist, wenn wir heute ein Gerichtsurteil oder die Wirtschaftsnachrichten, die Stromrechnung oder das Formular der Lohnsteuererklärung nicht verstehen. Zwischen der zunehmenden Differenzierung der Wissenschaftssprachen und der Auffächerung der Gesamtsprache in Sektorensprachen besteht eine auffallende Ähnlichkeit. Hier wie dort fehlt inzwischen wieder der allen gemeinsame durchsichtige Sprachraum, dessen Erarbeitung dem 18. Jahrhundert gelang.

Glanz ist offenbar etwas anderes als der durch Entlehnung und Mischung mit Silber- oder Plastikrippen aufgemöbelte sprachliche Körper und seine als fachmännisch imponierende Undurchsichtigkeit. ›Glanz‹ ergibt sich für Leibniz daraus, daß man leicht und flüssig über einen reichen Vorrat an Wörtern und Redensarten verfügt – aus rhetorischer Schulung also – und ist für Gottsched gleichbedeutend mit ›Kürze und Nachdruck‹. Der letztere Gedanke leuchtet ein: Aperçus funkeln. Wer sich aphoristisch kurz ausdrücken kann, ›glänzt‹.

Dieser Glanz fehlt in vielen Bereichen; unser wissenschaftlicher und öffentlicher Sprachgebrauch zeichnet sich aus durch Länge. Das Mißverhältnis zwischen mitgeteilter Sache und sprachlichem Aufwand ist das alltäglichste Erlebnis; es macht unsere Sprache so glanzlos.

Leibniz' herrliche Formel für die Sachprosa – ›Reichtum, Reinigkeit und Glanz‹ – ist also, richtig verstanden, aktuell.

IV

Woran liegt es, daß wir diesem Ideal, dem die deutsche wissenschaftliche Sachprosa zwischen 1800 und 1900 oft so nahe kam, wieder sehr viel ferner gerückt sind? Wie kam es zu dem Umschlag in Armut, Undurchsichtigkeit und Länge? Warum begegnen wir in der öffentlichen Bildungssprache so oft abstrakter Unbestimmtheit, gestelzter Kompliziertheit und glanzloser, gründlicher, ernster Langstieligkeit? – Ist es eben doch die seit langem vorherrschende deutsche Tradition, die hier durchbricht, im Gegensatz etwa zu der des geschriebenen Englisch, das in viel höherem Maß auf dem Mündlichen aufruht? Manche Klagen, denen man im 19. Jahrhundert begegnet, sprechen dafür.

Es gibt aber in den letzten zwanzig Jahren eine Verwissenschaftlichung der Wissenschaften und der allgemeinen Gebrauchssprache, die weit über die vorherige Tradition hinausgeht. Ich zweifle, ob sich dem Sachverhalt durch Polemik und Appelle beikommen läßt. Man muß versuchen, die Bedingungen zu analysieren, unter denen unsere wissenschaftliche Sprache sich verändert hat und dann in die Gesellschaft ausstrahlte.

Die Ursachen liegen, wenn ich richtig sehe, zunächst in der sehr plötzlichen Ausweitung der Universität während des genannten Zeitraums. Dieser Ausbau, den wir unter dem Namen ›Bildungsreform‹ kennen und der einer großen Zahl den Zugang zur Universität ermöglichte, hat Folgen gehabt, die weder vorausbedacht noch seither analysiert worden sind. Die Sprache der Universität erwies sich als leicht zu gefährdendes Instrument – sie war der Revolution kaum gewachsen, oder, wenn man will, nur allzu gut.

1. Der vermutlich wirksamste Faktor war die plötzliche Vermehrung der wissenschaftlichen Stellen. Zwischen 1950 und 1980 wurden mehr als zwanzig Universitäten und hundert Fachhochschulen neu gegründet, hat sich die Zahl der Professuren in einzelnen Fächern gelegentlich um das

Zehn- bis Zwanzigfache erhöht. Damit verzehnfachte oder verzwanzigfachte sich die laufbahnbedingte Produktion wissenschaftlicher Veröffentlichungen. Die Folgen sind eigentlich voraussehbar. Man gestatte ein nicht nur hypothetisches Zahlenspiel:

Wenn 1000 Mediziner in 30 Jahren 30000 Arbeiten erzeugen, 1000 neue Termini, 50 neue Krankheiten und 30 neue Patientenkategorien, dann produzieren 7000 Mediziner, nur numerisch betrachtet, in dem gleichen Zeitraum 210000 Arbeiten, 7000 Termini, 350 neue Krankheiten und 210 neue Patientenkategorien. Da es ihnen aber vielleicht nicht gelingen wird, so viele neue Krankheiten und Patientenkategorien zu definieren und für 210000 Arbeiten neuen Inhalts der Stoff nicht ausreicht, werden sie diesen Mangel durch ein Mehr an ›wissenschaftlicher‹ Sprache und Terminologie ausgleichen. Kurz: mit der Vermehrung der Produktionsplätze verästelt sich unausweichlich die wissenschaftliche Sprache, entsteht ein sprachliches Dickicht, und dies tritt ein für die immer dürftiger werdenden Sachen. Kritik und Kontrollinstanzen versagen, niemand kann das Veröffentlichte mehr ordnen und sichten, und auch deshalb sinkt die sachliche und sprachliche Qualität.

Die Schlußfolgerung kann nur lauten: in der gegenwärtigen gründerzeithaften Produktionslage müssen wir die Produktionsspielregeln drastisch verändern. Die Länge der Publikationsliste darf kein Maßstab mehr sein, das Prinzip ›publish or perish‹ ist barer Unfug. Die Regel muß lauten: so gedrängt wie möglich. Je knapper und gediegener, um so besser. Für die Berufung auf eine Professur sollten zwei sehr gute Aufsätze ausreichen.

2. In dem gesamten Zeitraum hat sich zugleich die Zahl der Studenten fast verneunfacht, sie stieg von 112000 auf 950000 und, nimmt man die Fachhochschulen hinzu, auf 1203000. – Die Studentenschaft wurde damit für den Buchmarkt interessant, Verlage begannen, sich der ›Wissenschaftsentwicklung‹ anzunehmen und sie zu steuern, Verlagsimperien entdeckten die in wissenschaftlichen ›Trends‹ schlummernden Verwertungsmöglichkeiten, kreierten Moden oder nutzten sie in einem konkurrenzbestimmten Tempo aus. Auch völlig Unerprobtes wurde rasch etabliert. Der termingebundene Verlegerauftrag begünstigte die gestanzte Erzeugung inhaltloser, fassadenhafter ›Wissenschaft‹. Diese Kommerzialisierung war ein eigenständiger Faktor in der Wissenschaftsgeschichte der letzten Jahrzehnte.

Vielleicht ist es gewagt, aber man muß es wohl sagen: solange alles, was zwischen zwei Buchdeckeln als Wissenschaft ausgegeben wird, auch von

Bibliotheken erworben wird und also, von Geldern der öffentlichen Hand finanziert, einen festen Abnehmerkreis findet, lohnt sich verlegerisch auch der Druck des Unfugs. Welche Verlage haben an Qualitätsmaßstäben festgehalten? Es wäre sinnvoll, das öffentliche Bild der Verlage neu zu stufen und zu werten und beim Ankauf von Büchern noch wählerischer zu werden.

3. Man hat bisher wenig darüber gesprochen, welchen Einfluß die zeitsparenden Erfindungen auf unsere Sprache haben. Die Frage ist aber von erhöhter Aktualität, da die neueren Arbeitsinstrumente, Diktaphon, Kopierer, Textverarbeiter, Rechner, Lichtsatz, kaum noch Geschwindigkeitsbegrenzungen bei der ›Textproduktion‹ auferlegen. Die Eile der Produktion verführt dazu, in den Vorrat des Vorgefertigten und Allgemeinen zu greifen. Wer keine Zeit hat, sucht nicht lange nach dem sitzenden Wort, er bläht, was sich vielleicht dürftig ausnehmen würde, mit Anleihen bei den Expertensprachen auf und wird weitschweifig. Die Sprache wird steril. Das Arbeiten mit kleineren und größeren fertigen Bauelementen ist der Tod einer atmenden Sprache. Die Eigenschaften unserer wissenschaftlichen oder auch unserer öffentlichen politischen Sprache, ihre Armut oder standardisierte Allgemeinheit, Undurchsichtigkeit oder gestelzte Kompliziertheit, Länge oder Breite sind nicht zuletzt erzeugt durch die günstigen, raschen Produktionsinstrumente. Und da so rasch und viel geschrieben, abgezogen, vervielfältigt, gedruckt werden kann, schrumpft die Zeit, die einer hat, um eine genaue, durchsichtige, glänzende Sprache auszuarbeiten, noch weiter ein. Da ist es vielleicht ein Mittel, sich an Bleistift, Papierblock und Bibliothek zu erinnern, an den Austausch durch das sachliche Gespräch. Zu überlegen: wer keine Sekretärin hat, schreibt weniger und darum oft mehr, wer kein Diktaphon benutzt, drückt sich konzentrierter aus, wer über keinen Fotokopierer verfügt, sondern exzerpiert, bekommt einen Blick für das Wesentliche. Wer nicht ständig Geschriebenes, Vervielfältigtes, das kaum noch Wert hat, die objektive ›Information‹, vor Augen hat, behält selbständigen Abstand, um etwas innen mündlich zu durchdenken.

4. Die ›Produktionslage‹ hat also dazu geführt, daß der wissenschaftliche Sprachgebrauch oft so allgemein, kompliziert, und daß er so glanzlos geworden ist. Die Sprache hat etwas Fabrikathaftes bekommen, man könnte von einer Kommerzialisierung oder Industrialisierung sprechen. – Das entspricht der Tatsache, daß die Bildungsreform ja nicht nur dem Ziel einer Demokratisierung der Bildung dienen wollte. Sie hatte eine

entschieden ökonomische Basis. Es ging um die möglichst rasche Anpassung der Universität an die vermeintlichen Bedürfnisse des Industriestaats. Es ist daher auch kein Wunder, wenn der wissenschaftliche Sprachgebrauch und die öffentliche Bildungssprache einander ähnlich sehen. Die Universität wurde einer Industriegesellschaft angeglichen, in der jene Überproduktion von Sprache seit langem vorherrscht und in der Armut, Undurchsichtigkeit und Länge sich darum schon früher wie von selbst eingestellt hatten.

V

Corruptio optimi pessima. Wenn das Beste verdirbt, wird es das Schlechteste.

An seinem Verderb ist die veränderte Sprache beteiligt. Es lohnt daher, sich auf eine genaue, durchsichtige, glänzende Sprache zu besinnen, auf die drei Vollkommenheiten ›Reichtum‹, ›Reinigkeit‹ und ›Glanz‹, die Leibniz herbeizuschreiben sich bemühte.

Hans-Martin Gauger
Störung durch Unwahrheit

Einiges, in der Tat, stört mich in der Verwendung des Deutschen heute. Natürlich jedoch berührt dies nicht mein ›Urvertrauen‹ in diese Sprache. ›Urvertrauen‹? Hier stock ich schon: es ist wohl nur ein relatives ›Urvertrauen‹, das ich habe, und dies ist ja vermutlich ein Selbstwiderspruch (›Ur-‹ ist nicht relativ). Ich meine: Sicherheit, Entspanntheit, sich getragen fühlen, zu Hause sein; dies alles aber relativ. Denn ich kenne die ›Chandos‹-Situation, oder doch, auf bescheidenem Niveau, etwas ihr Analoges und auch die Frage, gelegentlich: »Bin ich noch in meinem Haus?« Und nun jene andere Frage: ob ich die deutsche Sprache liebte?

Würde ich dies gefragt, geriete ich in Verlegenheit. Früh, vierzehnjährig, kam ich mit dem Französischen in intensivste Berührung, zehn Jahre später, noch intensiver, länger auf jeden Fall, mit dem Spanischen. Einige andere Sprachen habe ich aus Neigung und Beruf erlernt. Ich spreche sie, mit Unterschieden, gern. Eigentlich aber kann ich doch nur Deutsch. Nur hier fühle ich mich, mit den Einschränkungen, die zu machen sind, »dans mon assiette«. Aber dies heißt nicht, kann doch nicht heißen, daß ich die deutsche Sprache vorziehe vor den übrigen. Ich halte sie keineswegs für schöner und reicher als das Französische oder das Spanische oder, ach, das Englische (»Had we but world enough and time...«) oder dann das Italienische und das so reizvoll verwischte Portugiesische (es *ist* nicht so, ich weiß, es kommt mir so vor), ganz zu schweigen von dem, wie es im *Zauberberg* heißt, »knochenlosen« Russischen... Mindestens ebensogerne hätte ich eine *dieser* Sprachen zur Heimat! Vielleicht sogar liebe ich jede einzelne von ihnen mehr als die, in der ich – ungefragt – zu Hause bin. Ist nicht das Unerreichbare, das Unerreichte immer Gegenstand sehnsüchtigerer, wilderer Liebe? »La felicità«, sagt d'Annunzio (und er hat nicht immer so recht), »è sempre sull'altra riva«. Die Sehnsucht, also, nach dem anderen Ufer. Es sind dies nicht die bekannten »Kirschen in Nachbars Garten«. D'Annunzios Satz ist radikaler: denn wenn man am anderen Ufer ist, wird dasjenige, an dem man war, von dem man herkommt, zum anderen... Rien à faire... Wenn also Liebe Ausschluß, Exklusion bedeutet – und dies bedeutet sie doch –, liebe ich die deutsche Sprache nicht. Ich liebe sie *auch.* Und in dieser Liebe ist, unverkennbar, Resignation. Ich habe, ich ›kann‹ nur sie, denn als Philologe weiß man, daß man eine fremde Sprache nie wirklich kann. Zum Philologen gehört, sprachlich zumindest, wenn man nicht gerade Germanist ist, das ›unglückliche Bewußtsein‹. ›Perfekt‹ können fremde Sprachen – habeant – immer nur philologische Laien: Rechtsanwälte, Volkswirte, Künstler, Politiker.

Hier ist gegen das Deutsche eine erste sprachkritische Bemerkung angebracht. Den Linguisten stört hier dies: im Deutschen ›kann‹ man eine Sprache; anders im Französischen, hier heißt es »il sait parler français« oder »il sait l'anglais«, analog im Italienischen, Spanischen und anderswo; englisch sagt man schlicht – dies allerdings ist unangreifbar – »he speaks English«. Aber die Verben *savoir*, *sapere*, *saber*, die alle ein Wissen und Können *zugleich* meinen, ein *knowing how*, nicht ein *knowing that*, sind angemessener als unser planes *können*. Sie sind feiner, denn sie halten offen, sehen ein Problem. Was kann, was *weiß* man, wenn man eine Sprache kann oder ›*weiß*‹? Es ist ein Können – Wissen in der Tat.

Zu kritisieren ist linguistisch auch und entschiedener die Ausdrucksweise (nun nicht speziell des Deutschen) ›eine Sprache sprechen‹. Am befriedigendsten ist hier, linguistisch betrachtet (ich bin nicht der erste, der darauf aufmerksam macht, aber sehr bekannt ist es auch nicht), die Ausdrucksweise des Lateinischen. Hier spricht man nicht akkusativisch, als direktes Objekt, eine bestimmte Sprache, sondern man spricht ablativisch oder adverbiell *mit* ihr, *in* ihr; nicht *linguam graecam*, sondern *lingua graeca* oder einfach *graece loqui* (mit, in der griechischen Sprache, nach griechischer Weise sprechen): »et coeperunt loqui variis linguis« und »audiebat unusquisque lingua sua illos loquentes« heißt es im Bericht vom Pfingstwunder in der *Vulgata* (Apostelgeschichte 2; 4, 6). Übrigens läßt sich auch das griechische *attikízein* (Coseriu hat darauf hingewiesen) so interpretieren. In der Tat: jedes Sprechen folgt einem bestimmten, historisch gewordenen und erworbenen Modus des Sprechens. Jedes Sprechen ist ein – unvermeidbar historisch partikulärer – Fall menschlichen Sprechens überhaupt. Es gibt kein allgemeines Sprechen, sondern immer nur ein solches in einem historischen, also kontingenten Modus. Eine Sprache *ist* nichts anderes als ein solcher Modus des Sprechen- und Verstehenkönnens. *Graece, germanice, latine loqui; lingua graeca loqui . . .*

Der Mensch ist nicht nur das ›Sprache habende Wesen‹ – dies ist zu abstrakt –; er ist das Wesen, das mit den Mitteln einer *bestimmten*, also historisch kontingenten Sprache sprechen *muß* (und wenn es zwei oder mehr Sprachen sind, ändert dies nichts, prinzipiell, an der Situation). Dies – gerade auch dies – unterscheidet das Sprechen des Menschen von der Zeichenverwendung der Tiere. Babylon war nicht nur die Vereitelung eines Bauwerks, sondern auch eine Strafe für Vermessenheit. Und die Strafe war Historizität.

Das Kontingente, das, was so und so ist, aber auch anders sein könnte, das nicht *notwendig* so, wie es ist, Seiende, führt schon, unvermeidlich, das Störende mit sich. Was keine andere Dignität an sich hat, als die, eben zu sein, wie es ist, stört zumindest den philosophischen Kopf. Und natürlich geht in diese Richtung eine alte Klage: der »usus tyrannus«, gegen den der Caesar selbst nichts auszurichten vermag (»Caesar non supra grammaticam«), die »bizarreries«, die »caprices de l'usage«, an denen sich die Grammatiker des siebzehnten und achtzehnten Jahrhunderts stießen, die sie, mit Unterschieden, je nach der Ausrichtung des Grammatikers, *störten*. Andererseits: die Sprachen ›funktionieren‹; also stehen sie, bei aller Kontingenz, unter dem Druck der Notwendigkeiten, die solches ›Funktionieren‹ auferlegt, also sind sie nicht in *jeder* Hinsicht kontingent. Aus dem ›Wesen‹ der Sprache als einem historisch Gewordenen (nicht Gewachsenen!), das von seinem Zweck her nicht notwendig, sondern *kontingent* ist, wie es ist, das also vielfach auch anders sein könnte, als es ist, folgt schon die Anwesenheit des potentiell Störenden. Ob der Untersuchende sich gestört fühlt (zur Störung gehören zwei), hängt von seinem Herangehen, seinem *Ansatz* ab. Bei den Sprachwissenschaftlern ist – von der Romantik an bis heute – die apologetische Tendenz überstark ausgeprägt. Da herrscht die ›Glossadizee‹ ...

Ich will dies hier nicht weiterführen, denn es ist ein nicht nur weites, sondern schwieriges Feld: das Miteinander, in einer Sprache, von Kontingenz und Notwendigkeit und die »muttersprachliche Selbsttäuschung« (Wandruszka). Nur noch dies: die Wahrnehmung von Störendem, soweit es die eigene Sprache angeht, wird jener resignierten, kontrastiv aufgeklärten Liebe, von der ich sprach, leichter fallen als ihrer blind begeisterten Schwester, mit der es sich freilich angenehmer lebt. Das Thema, für mich, ist ja auch weniger Kritik an der deutschen Sprache als solcher, sondern Kritik an ihrem gegenwärtigen Gebrauch. Und wenn es um diesen geht, verträgt sich bekanntlich blinde Liebe durchaus mit scharfer Kritik. Liebe, wahre Liebe – es ist wohl eine Art Selbstschutz – macht nun einmal in doppelter Hinsicht blind: gegenüber den Mängeln ihres Objekts, gegenüber den Vorzügen der ausgeschlossenen. Das Ausgeschlossene, nicht oder unwillig zur Kenntnis Genommene ist nun aber gerade oft das Neue im jeweils gegenwärtigen Sprachgebrauch.

Was also stört mich? Zwei Arten von Störungen sind zu verzeichnen:

ästhetische und moralische. Ich will zugeben, daß beide nicht selten ineinanderfließen. Und doch bin ich hier für Kierkegaards »Entweder – Oder«. Entweder man tritt hier, wie seine Figur A, als Ästhetiker, oder aber, wie die Figur B, als Ethiker auf. Das Ästhetische und das Ethische sind in der Sprachkritik – zuallermindest – zwei verschiedene Aspekte. Sprache ist an (beinahe) allem beteiligt, aber Sprache ist nicht alles. Sprachgebrauch ist kein getreuer Spiegel dessen, der spricht oder schreibt.

Wenn mir die Sprachkritik von Karl Kraus nicht zusagt, wenn sie mir – ich muß es deutlich sagen – widerwärtig ist, so liegt dies eben daran, daß er nicht trennt: tout est dans tout et réciproquement, ständig Moral unter sprachlichem Vorwand, ständig Unverhältnismäßigkeit, ständig der Versuch, Kirchen aus ihren Dörfern zu schaffen, ständig auf Spatzen gerichtete Kanonen, die dann vielfach nicht einmal losgehen, ein unguter Messianismus. Also Trennung, und dies heißt auch: es sich nicht leichtmachen mit der moralischen Verwerfung einerseits, der sprachlich-stilistischen andererseits. Es ist dies ja ein speziell deutscher Übelstand: literarische Autoren werden fast nur inhaltlich, ideologisch, nach Kriterien der Sympathie und Antipathie gewertet; kaum je sagt einer (auch nicht in den großen Literaturbeilagen): ich mag ihn nicht, bin nicht einverstanden mit dem, was er sagt, aber er kann schreiben. Den umgekehrten Fall formuliert Benns berühmtes Diktum: »Schriftsteller, die ihrem Weltbild sprachlich nicht gewachsen sind, heißen hierzulande Seher.«

Der psychische Tatbestand, der in Rechnung zu stellen ist, ist der: wir sind in aller Regel sprachlich reizbar, weil wir inhaltlich oder aus schlichter Antipathie dagegen sind. Sprachliche Reizbarkeit ist oft bedingt durch Reizbarkeit gegenüber Inhalten und Personen. Uns stört sprachlich, was wir inhaltlich oder wen wir persönlich nicht mögen. Dieser Verquickung der Reizbarkeiten sollten wir uns widersetzen. Eben darum will ich mich bemühen, wenn ich im folgenden ein moralisches Gestörtsein durch gegenwärtigen Sprachgebrauch zum Gegenstand mache, also für diesmal rein *als Ethiker,* als B, argumentiere. Mich stört der unwahre Gebrauch bestimmter, äußerst wichtiger Wörter. Störung, also, durch unwahre, unwahr gewordene Wörter. Ich rede vom Deutschen; das Problem jedoch ist nicht speziell deutsch. Leider.

Gibt es ›unwahre Wörter‹? Sicher gibt es keine ›lügenden Wörter‹, denn zur Lüge gehört die bewußte Absicht, das Falsche zu sagen. So hält es bereits die Definition des Augustin fest; Harald Weinrich zitiert sie in seiner *Linguistik der Lüge* (1964): »Die Lüge ist eine mit dem Willen, das

Falsche zu sagen, verbundene Aussage« *(enuntiatio cum voluntate falsum enuntiandi).* Zur Lüge, also, gehört Absicht. Nun hat die Sprache als solche keinerlei Absicht. Die Sprache spricht übrigens auch nicht (hier irrt Heidegger): zu Absicht, auch zum Sprechen, gehört ein Subjekt; gerade ein solches ist aber die Sprache nicht. Es ist ein in der Geschichte der Sprachreflexion, auch der Sprachwissenschaft, immer wieder anzutreffender Irrtum, eine Versuchung, daß der Sprache ein Subjekt unterstellt, daß sie hypostasiert wird zu einem Subjekt. Die Destruktion, immer wieder, solch verhängnisvoller Hypostase ist Aufgabe der Sprachwissenschaft und der Sprachkritik. Die Sprache spricht nicht; sie hat keine Absicht. Daher kann sie auch nicht lügen. Auch kein einzelnes Element von ihr kann dies. Aber es gibt, meine ich, unwahre Wörter: Wörter, die in sich selbst eine Unwahrheit enthalten und also jeden, der sie gebraucht, gewollt oder ungewollt, eine Unwahrheit sagen lassen.

Nehmen wir das Wort ›Krieg‹. Wörter – die meisten von ihnen jedenfalls und in gewissem Sinn *alle* – zielen auf eine Wirklichkeit. Die Wirklichkeit, auf die das Wort ›Krieg‹ zielt, hat sich nun aber so sehr verändert, daß dies Wort nicht mehr trifft. Wir verbinden mit diesem Wort eine Bedeutung, die nahezu nichts mehr mit dem zu tun hat, worum es sich bei einem kommenden Krieg handeln würde. Zum Krieg gehört dies: es sterben viele, andere werden verwundet, Sachgüter, kulturelle Werte werden vernichtet; nachdem aber der Krieg zu Ende ist, geht es, jedenfalls für die Übriggebliebenen, weiter: »Neues Leben blüht aus den Ruinen.« So war es beim ›letzten‹ Krieg: er war noch immer Krieg, unterschied sich insofern nicht vom Dreißigjährigen. Was wir heute fürchten und noch immer ›Krieg‹ nennen, ist gar nicht dies: wir befürchten das Ende zumindest allen menschlichen Lebens, die Gesamtvernichtung, den Holokaust (es ist dies übrigens nicht, wie viele meinen, ein zunächst englisches Wort, sondern ein an das Griechische adaptiertes hebräisches). Jeder Kundige weiß: die Vernichtung des menschlichen Lebens, des Lebens überhaupt, ist eine völlig reale Möglichkeit. Trotzdem reden wir noch immer von ›Krieg‹, ›Kriegsgefahr‹, ›kriegerischer Auseinandersetzung‹ (besonders hübsch, nebenbei, die Prägung ›atomare Auseinandersetzung‹). Hier muß Sprachkritik einsetzen, denn es ist ganz offensichtlich eine den Tatbestand der Unwahrheit erfüllende Verharmlosung, daß wir, als hätte sich nichts geändert, noch immer dies längst nicht mehr treffende Wort gebrauchen. Die Distanz zwischen der Wirklichkeit, um die es geht, wenn wir ›Krieg‹ sagen, und der Vorstellung, die wir mit diesem Wort verbinden, ist abgründig. Linguistisch gesprochen: das Signifikat, das wir mit dem Signifikanten verbinden, paßt nicht mehr zum außersprachlich Gemeinten. Dem Signifikat ist gleichsam das Gemeinte davongelaufen. In anderen Worten: wir meinen nicht, was wir sagen, wir sagen nicht, was wir meinen, wenn wir von ›Krieg‹ und ›Kriegsgefahr‹ sprechen.

Oder das Wort ›Waffe‹. Hierzu gehört die Vorstellung einer zumindest einigermaßen begrenzbaren Wirkung auf einen Gegner. Eine Waffe in diesem Sinn ist gewiß ein Gewehr, und eine Kanone ist ein verlängertes und verstärktes Gewehr. Das neue Duden-Wörterbuch definiert ›Waffe‹ so: »Gerät, Instrument, Vorrichtung als Mittel zum Angriff auf einen Gegner oder zur Verteidigung.« Dann nennt es als Beispiele: »Konventionelle W., atomare, nukleare W., biologische W., taktische W., strategische W.« Die Frage ist aber die: haben die sogenannten A-B-C-Waffen, die atomaren, bakteriologischen, chemischen Waffen, noch etwas zu tun mit jener – durchaus zutreffenden – Definition des ›Duden‹? Für bestimmte chemische Waffen kann dies gesagt werden. Die Gaswolken zum Beispiel, die im ersten Weltkrieg bei geeignetem Wind in Richtung auf die feindlichen Schützengräben abgelassen wurden, waren noch Waffen. Dies gilt aber sicher nicht von den Geräten und Installationen, die wir *jetzt* meinen, wenn wir von ›Waffen‹ reden. Diese sind etwas prinzipiell anderes als eine »Weiterentwicklung der Artillerie«, wie sich seinerzeit, in einer berühmten Formulierung, ein deutscher Staatsmann ausgedrückt hat.

Wir haben da nicht nur die Ausweitung der Wirkung von dem Kämpfenden auf die Zivilbevölkerung (dies kennzeichnete bereits den zweiten Krieg), sondern auch die von der ›feindlichen‹ Zivilbevölkerung auf die eigene. Ja, man muß sich diese – durchaus reale – Enormität vergegenwärtigen: diese Waffen treffen schon den noch nicht Geborenen, ja, den noch nicht Gezeugten! Ein Ausdruck wie »Völkervertilgungsmittel«, den Ivan Illich einmal vorgeschlagen hat, wäre sicher angemessener als das Wort ›Waffen‹, das wir, als ginge es um Gewehre oder um Kanonen, noch immer gebrauchen. Dolf Sternberger sprach (und niemand wird diesen Autor linker Unvernunft zeihen) von der »absoluten Kriminalität dieser Waffen, die in der Anwendung, bei einiger Eskalation, alle Regeln des Völkerrechts, alle Konventionen und Protokolle von Haag und Genf und dazu die Normen von Nürnberg, mit einem Schlag außer Kraft setzen, die unvermeidlich ›Verbrechen gegen die Menschheit‹ begehen müßten, ja, die dazu bestimmt sind, das zu tun«.[1] Die sprachkritische Frage also: dürfen wir weiterhin von ›Waffen‹ sprechen? Sagen wir nicht, wenn wir dies tun, die Unwahrheit? Erwin Chargaff, freilich kein Linguist, aber ein sprachbewußter und sprachempfindlicher

Naturwissenschaftler (und was für einer!), erklärt: »Die Kriegsministerien der großen Länder sollten jetzt Ausrottungsministerien heißen, obwohl sie sich lieber, gschamig wie sie sind, hinter dem Schild der Verteidigung verbergen [. . .] und so wie unsere Kriege eine andere Bezeichnung verdienen, so wird das Wort ›Waffe‹ oder ›Bombe‹ diesem riesenhaftesten aller physikalischen Experimente nicht gerecht. Sie ist das tragbare Jüngste Gericht [. . .].«[2] »Das tragbare Jüngste Gericht«: um diese Formulierung darf man Chargaff beneiden – ein Triumph der Sprache über das Unausdenkbare.

Chargaff nannte das Wort ›Verteidigung‹. Und auch dies Wort ist unwahr. Das Wort meint im normalen Gebrauch ungefähr dies: ein Land wird angegriffen, man setzt sich zur Wehr, und das Ergebnis ist, wenn die Verteidigung glückt, daß der Gegner nicht hereinkommt oder daß er zwar hereinkommt, aber wieder hinausgeworfen wird. Das Wort impliziert auch, daß schließlich, wenn alles vorbei und einige Zeit vergangen ist, beinahe alles wieder ist wie vorher. Nun wissen wir alle: so – gerade so – wird es, im ›Verteidigungsfall –, keineswegs sein. Die geschilderte Diffusion jener ›Vertilgungsmittel‹, um die es gehen wird, schließt dies mit Sicherheit aus. Wir wissen, daß, jedenfalls was unser Land angeht – und in dieser Hinsicht wenigstens, ist es, nach wie vor, eine Einheit –, jegliches menschliche Leben in ihm, nach solcher Verteidigung, vernichtet wäre. Vorwitzige Frage: was heißt in solchem Fall ›Verteidigung‹? Das Wort ›Verteidigungsfall‹ enthält somit zweimal eine Unwahrheit: erstens suggeriert es, daß, was es meint, etwas anderes sei als Krieg (»nein, Moment mal, nicht Krieg, es handelt sich bloß um einen Verteidigungsfall«; in diesen Kontext gehört auch der hübsche Ausdruck ›Spannungsfall‹); zweitens behauptet es, es gebe, unter den veränderten Bedingungen, so etwas wie dasjenige, was wir, nach wie vor, mit dem Ausdruck ›Verteidigung‹ verbinden.

Bei den Wörtern ›Krieg‹, ›Waffe‹, ›Verteidigung‹ handelt es sich darum, daß, wie ich sagte, die Wirklichkeit diesen Wörtern davongelaufen ist. Anders verhält es sich mit einem nun fast schon historischen Ausdruck, den ich kurz angehen will: dem Ausdruck ›Nachrüstung‹. In seiner genannten *Linguistik der Lüge* redet Weinrich nicht vom Typ des »durchsichtigen Worts«, mit dem ich mich sprachwissenschaftlich beschäftigt habe.[3] Die Wörter haben die Aufgabe zu nennen; das Sagen gehört erst zum Satz oder dann – und eigentlich – zur Äußerung. Die durchsichtigen Wörter sind Wörter, die im Unterschied zu den übrigen, in sich selbst, indem sie nennen, bereits etwas sagen. Da diese Wörter etwas sagen, also *sprechende* Wörter sind, können sie auch Falsches sagen.

Es handelt sich hier um die Ableitungen und die Wortzusammensetzungen, also um Wörter vom Typ ›Gärtner‹ und ›Gartenhaus‹. Solche Wörter sind für Unwahrheit besonders anfällig (ein klassischer Fall: ›Schwangerschaftsunterbrechung‹; hier wird nichts ›unterbrochen‹, hier wird etwas beendet). Ein solches durchsichtiges Wort ist nun das Wort ›Nachrüstung‹. Der hier implizierte Satz lautet: wir rüsten, weil die anderen *vor* uns gerüstet haben. Oder: wir rüsten nach, weil die anderen vorgerüstet haben. Das Wort meint also: die anderen haben angefangen, nun antworten wir, und dabei bleibt es. Das Wort suggeriert also beschwichtigend – hierin (nur hierin) liegt seine Unwahrheit –, es bleibe dabei: die andere Seite ist einen Schritt vorausgegangen, nun ziehen wir, da die andere Seite nicht wieder zurückwill, nach, und damit ist der Vorgang abgeschlossen; alles ist wieder wie vorher. Nun war aber für jedermann von vorneherein klar – und dies hat sich nach erfolgter Nachrüstung bestätigt –, daß es dabei *nicht* bleiben würde. Es war klar, daß die andere Seite reagieren würde mit einem weiteren Schritt. Also war, was man ›Nachrüstung‹ nannte, von daher gesehen, das genaue Gegenteil dessen, was dies Wort suggerierte. Faktisch handelte es sich, wie berechtigt auch immer das ›Nach‹ gewesen sein mochte, um Vorrüstung. Oder: was das Wort ›Nachrüstung‹ meinte, konnte man genausogut, ja, hätte man eigentlich mit ›Vorrüstung‹ bezeichnen müssen. So kann man mit einem bloßen Wort vernebeln: den anderen, und, möglicherweise, zuvor schon, sich selbst. Kontrastive Anmerkung: im Englischen oder Französischen kann man ein Wort wie ›Nachrüstung‹ gar nicht bilden. Der deutsche ›Verbalzusatz‹, ein wirklicher Reichtum unserer Sprache, begünstigte die schlaue Bildung...

Es liegt auf der Hand, daß dies alles zu erweitern und zu vertiefen wäre. Ich sage es auch ein wenig ›for discussion's sake‹ und füge sogleich – gegen das Deutsche gerichtet – die sprachkritische Anmerkung hinzu, daß wir für letztere Wendung der Angelsachsen keine Entsprechung haben: man sagt in unserem Land nicht gerne etwas ›um der Diskussion willen‹...

Im übrigen lassen sich sprachkritisch die Gewichte auch gerecht verteilen; sprachkritische Ausgewogenheit! Zu kritisieren wäre nicht nur ›Nachrüstung‹, sondern auch etwa der nicht bloß exzessive, sondern auch anmaßende Gebrauch des Wortes ›Widerstand‹, durch den man versucht, bewußt oder unbewußt, von der Gloriole dieses Worts etwas abzuleiten auf das eigene Haupt. Und sucht man nicht auch, den Gegner, unbewußt vielleicht, in die Nähe dessen zu rücken, gegen den sich seinerzeit der ›Widerstand‹ richtete? Quaeritur. Auch etwa das Wort

›Pazifismus‹, und die Inanspruchnahme pazifistischer Tradition, ist für das, worum es denen geht, die das Wort *heute* gebrauchen, eigentlich irreführend und unwahr: Pazifismus als Haltung setzt voraus, daß es solche gibt, die den Krieg für ein legitimes Mittel der Auseinandersetzung halten (»Es gibt eben Situationen, da geht es nicht anders«). Diese Meinung war einmal – und so weit braucht man da nicht zurückzugehen – die der überwiegenden Mehrheit; ihr gegenüber stand dann die pazifistische Haltung. Heute steht der Bewegung, die sich ›Friedensbewegung‹ nennt (und, in der Tat, wie sollte sie sich sonst nennen?), nicht *diese* Meinung gegenüber, und der Streit geht um anderes: darum nämlich, ob die Rüstung oder Überrüstung Schutz biete, im Sinne der Logik der Abschreckung, gegen den ›Krieg‹, also den Untergang, oder ob sie, umgekehrt, die Gefahr dieses Untergangs vergrößere, ihn recht eigentlich erst herbeiführe. All diese Beispiele machen einen Tatbestand deutlich, der zu dieser Art Sprachkritik unausweichlich gehört: wer über unwahre Wörter redet, muß auch über Sachen reden. Sprachkritik impliziert vielfach Parteinahme für oder gegen.

Diese Wörter – ›Krieg‹, ›Waffe‹ (auch ›Bombe‹), ›Verteidigung‹, ›Nachrüstung‹, ›Widerstand‹, ›Pazifismus‹ – sind nicht unwahr in sich selbst. Sie sind unwahr allein in der herausgestellten spezifischen und geläufigen Verwendung, die sie erfahren: wenn also etwa ein Politiker von der Verteidigung unseres Landes redet oder ein Anhänger der Friedensbewegung erklärt, er sei, im Unterschied zu jenem Politiker, Pazifist. Überhaupt – es ist wichtig, dies zu sehen –: Wörter sind nie in sich oder für sich selbst; sie sind immer die Wörter von jemandem und für jemanden, der sie mit anderen teilt. Sie sind immer die Wörter einer – psychisch, nicht primär räumlich zu verstehenden – Gemeinschaft. Dies gilt für die Sprache allgemein, wie ich das an anderer Stelle[4] zu zeigen versucht habe: eine Sprache ist nie irgendwo, sie ist immer, schon Aristoteles wußte es, »in der Seele« *(en té psyché)*, modern gesprochen: sie ist im Bewußtsein einzelner Menschen.

Mit den von mir (in diesem präzisen Sinn) als ›unwahr‹ bezeichneten Wörtern verhält es sich, linguistisch und also fachlich gesprochen, so: die Signifikata, die *wir* (die große Mehrzahl der Sprechenden) mit ihnen (noch immer) verbinden, entsprechen nicht (mehr) den Denotata, auf die sich diese Wörter in den genannten Verwendungen beziehen. Ein Auseinanderfallen somit von Signifikatum und Referenz: das Referentielle ist – durch Veränderung der Wirklichkeit – dem Konzeptuellen davongelaufen. Allgemein muß man sich klarmachen: die Signifikata der Wörter sind Vorstellungen. Eine Vorstellung ist wie ein ansatzweise verbegrifflichtes Abbild des (im Sinne einer ›Klasse von Dingen‹) außersprachlich Gemeinten. Schon Aristoteles bezeichnete die »Vorstellungen in der Seele« *(en té psyché pathémata)*, auf die die Sprachlaute *(ta en té phoné)* zeigen, also eben unsere Signifikata, als *homoiómata*, als »Abbilder«, »angleichende Dastellungen« (wie Heidegger übersetzt) der Dinge. Auch und gerade in den Wörtern, in ihren Signifikata, zuweilen auch in ihren Signifikanten, ist *mimesis.* Beim Spracherwerb des Kinds läßt sich dies gut beobachten. Ich würde also sagen: diese Angleichung an das Neue, diese Abbildung ist bei den Wörtern ›Waffe‹, ›Verteidigung‹, ›Krieg‹ noch nicht vollzogen. Darum sind sie unwahr verharmlosend. Ihre Signifikata werden noch immer gespeist von vergangenen, schrecklichen, aber doch – vergleichsweise – harmlosen Erfahrungen und Erinnerungen. Bei diesen Wörtern – in dieser Verwendung – liegt nun (dies ist linguistisch freilich ganz unerheblich) eben dies Spezifische vor: ihr Referentielles ist, wie die Dinge stehen, das Nicht-Erfahrbare, das Nicht-Erinnerbare schlechthin ... Natürlich verwandeln sich Signifikata. Eine Wortbedeutung ist in der Tat nichts anderes als ein Kontrakt auf Zeit, den eine Sprachgemeinschaft mit einem Wortsignifikanten, einer materiellen (genauer: materiell realisierbaren) Lautform, geschlossen hat. Aber eben: bei jenen unwahren Wörtern hat jener Wandel noch nicht stattgefunden, der Kontrakt ist noch derselbe. Es fehlt das semantische ›aggiornamento‹.

Es gibt also unwahre Wörter. Sodann gibt es deren Macht über unser Fühlen und Denken, weil diese Wörter, wie alle übrigen, *in* uns sind durch die Geschichte. Dort, *en té psyché*, in unserem Bewußtsein, üben sie ihre ihnen geschichtlich zugewachsene Macht. Aufgabe der Sprachwissenschaft und der Sprachkritik ist es, diese Macht zu erschüttern.

1 *Frankfurter Allgemeine Zeitung* vom 18. 11. 1983

2 Erwin Chargaff, *Kritik der Zukunft*, Stuttgart 1983, S. 114

3 Hans-Martin Gauger, *Durchsichtige Wörter. Zur Theorie der Wortbildung*, Heidelberg 1971

4 Vgl. Hans-Martin Gauger, *Wort und Sprache*, Tübingen 1970 und ders., *Sprachbewußtsein und Sprachwissenschaft*, München 1976

Martin Walser
Kleiner Aufschrei

Ein Schmerzensbeispiel von unzählig vielen: Der Romanmensch Franz Horn schreibt an seinen Kollegen Dr. Liszt u. a.: »Sie fingen an zu beweisen. Kaum seien Sie hier in der Gegend gewesen, seien Sie mit mir im Auto nach Salem gefahren, zum Essen; Sie hätten das Radio eingeschaltet, aber sofort sei das Radio von mir wieder ausgeschaltet worden, und dazu sei von mir gesagt worden ...« Dieser Wechsel ins Passiv ist durch nichts erzwungen als durch die hochdeutsche Unfähigkeit, eine abhängige Rede gebührlich auszudrücken. Schon der Satz »Sie hätten das Radio eingeschaltet« ist ja falsch. Der mitfahrende Liszt hat es ja eingeschaltet. Unser Dialekt hat keine Mühe, das aktiv auszudrücken: »Sie heien's Radio aagmacht.« Im Schwäbischen hört man noch »Sie häben«. Oder ist das nur noch Häberle und Pfleiderer? Intakt ist noch die alemannische Fähigkeit, Sätze von einander abhängig erscheinen zu lassen. Wer einen Roman schreibt, muß täglich mehr als dreizehnmal unter der hochdeutschen Armut leiden. Daß ausgerechnet die Region die Schriftsprache bestimmte, die, was die Schattierungen von Wirklichkeit bis Unwirklichkeit angeht, offenbar am schwächsten ausgestattet war! Diese Unempfindlichkeit gegenüber Wirklichkeitsgraden! Als ob alles gleich wirklich ist! Das kann offenbar im Norden gesagt und geschrieben werden. Dieses *ist* wirkt südlich der Donau wie ein Steinchen, das sich zwischen Tür und Steinboden eingeklemmt hat und beim Schließen der Tür über den Boden schürft und kreischt. Dabei können wir, immer wenn wir es mit *sein* zu tun haben, auch im Hochdeutschen alles herstellen, was uns das Dialektinnerste befiehlt. Aber sobald Abhängigkeit mit *haben* auszudrücken ist, hat das Hochdeutsche nur noch Ausweichbewegungen in den krassen Irrealis anzubieten. Oder bleierne *daß*-Sätze, die jede anti-indikativische Regung längst erstickt haben. Man sage nicht, wir *häben* wichtigere Probleme. Zugeben muß man allerdings, *daß* das Rennen endgültig gelaufen ist. Kein Weg führt zurück zu den Abstufungsfeinheiten des Dialekts. Eine Zunahme der brutalen *daß*-Sätze ist die Folge dieser hochdeutschen Begünstigung des planen Indikativs. Jahrhunderte bevor das Waldsterben bemerkt wurde, hat in den deutschen Sprachen eine zentralistische Verderbnis begonnen, an deren Ende wir angekommen sind. Dank ihrer Schwäche hat die Zentrale gesiegt. In der Sprache ist es wie in der Natur: das Anspruchsloseste setzt sich durch. Darwin hätte nicht um die Welt reisen müssen. Einige Male hin und her zwischen Hamburg und Zürich, das hätte genügt.

Armin Ayren
Wenn wir hätten, was wir haben
Der gestörte Konjunktiv

Sprache lebt, und was lebt, wandelt sich. Zwar kann man immer wieder hören und lesen, die deutsche Sprache habe ihre frühere Beweglichkeit eingebüßt, sie sei, spätestens unter dem Einfluß der Massenmedien, verkrustet. Daran ist nur soviel richtig: Die Veränderungen der Sprache vollziehen sich heute kaum noch im Lautstand und in der Formenbildung; Vorgänge wie die erste und zweite Lautverschiebung wären in der Tat so nicht mehr denkbar. Dafür gibt es auffällige Wandlungen in der Silbenbetonung (z. B. die Anfangsbetonung in der Sprache der Politiker: *fi*nanziell statt finan*ziell*) und vor allem im Wortschatz. Sie betreffen Änderungen im Wortgebrauch, etwa unter der Einwirkung der Subsprachen, und Wortneubildungen sowie Übernahmen aus anderen Sprachen überall da, wo neue Bedürfnisse entstehen, beispielsweise in der Fachsprache der Computertechnik.

Zu allen Zeiten sind solche Veränderungen beklagt worden. In der Beweglichkeit der Sprache, ihrer Anpassungsfähigkeit, ihrer Aufnahmefähigkeit für Neues sah man Niedergang. Während auf anderen Gebieten Offenheit für Wandlungen meist begrüßt und als notwendige Voraussetzung für wirklichen Fortschritt verstanden wird, scheinen Sprachwissenschaftler überwiegend konservative Leute zu sein, die sich für Gralshüter des Bestehenden glauben halten zu müssen und Veränderung mit Verderbnis gleichsetzen.

Auf sehr eindrucksvolle Weise hat Fritz Tschirch dargetan, daß dem nicht so sein muß. Sein Aufsatz »Wachstum oder Verfall?«[1] zeigt, daß vieles, was häufig als Rückschritt bezeichnet wird, in Wirklichkeit Fortschritt ist, daß den unbestreitbaren Verlusten bei der Entwicklung des modernen Deutsch auch bedeutende Gewinne gegenüberstehen.

Wenn im folgenden der Eindruck entstehen sollte, als wollte ich gleichwohl in das allgemeine Klagelied einstimmen, dann höchstens, weil, wer Einzelerscheinungen betrachtet, leicht den Blick für das Ganze verliert und rasch überbewertet, was in größeren Zusammenhängen weniger Gewicht hat. Es kann gut sein, daß sich in fünfzig Jahren schon alles ganz anders ausnimmt; Sprachkritik veraltet schnell und ist vom Lauf der Dinge schon oft *ad absurdum* geführt worden.

Was ist Sprache? Immer wenn man darauf die (allen sprachschöpferisch Tätigen so teure) Antwort hört, sie sei mehr als nur Träger von Information und Mittel zur Kommunikation, setzt man stillschweigend voraus, daß sie *das* wenigstens ist. Als sich die Sprachen aus ihren Anfängen, von denen wir sehr wenig wissen, zu immer komplizierteren Systemen von Formen und Strukturen entwickelten, konnte der Mensch, der ja eben auch dadurch zum Menschen geworden war, mit ihrer Hilfe nun Sachverhalte ausdrücken und Dinge tun, von denen er in den vorausgegangenen Entwicklungsstadien überhaupt nichts gewußt hatte. Denn Bewußtsein und das daraus resultierende Handeln ist an Sprache gebunden; ein gedachter Gedanke ist ein formulierter Satz.

Irgendwann muß diese Entwicklung einen Höhepunkt erreicht haben, und von da an ging es, zumindest was die Formenbildung betrifft, wieder rückwärts. Das braucht noch keinen Rückschritt zu bedeuten; Vereinfachung trägt oft zur Klarheit bei. Wenn der bayerische Dual ausstirbt oder das französische *passé surcomposé* verschwindet, sind die Verluste gering. Bedenklicher erscheint schon, wenn zum Beispiel Dialektformen, die es erlauben, subtile zeitliche und modale Abhängigkeitsverhältnisse wiederzugeben, als lächerlich empfunden werden[2] und dem Nivellierungs- und Simplifizierungsstreben der behördlich verordneten Hochsprache, die im Deutschen letztlich eine Kunstsprache geblieben ist, zum Opfer fallen.

Dieser Abbau an Formen ist in der Hochsprache schon so weit fortgeschritten, daß nicht nur jenes eingangs erwähnte Mehr, das die Sprache über ein bloßes Informationsmittel hinaushebt (etwa wenn ein Autor je nach Empfinden zwischen ›stände‹ und ›stünde‹ wählen kann), Einbußen erleidet (wo ›buk‹ nicht mehr verstanden wird, muß man ›backte‹ sagen), sondern auch die Grundfunktion der Sprache, die Information, selbst.

Handelt es sich nämlich bei den Veränderungen im Wortschatz um einen notwendigen Wandel, bei dem sich Gewinn und Verlust die Waage halten dürften (wenn neun Zehntel einer Schulklasse Luthers schöne Neubildung ›Landpfleger‹ [Lukas 2,2] für einen Gärtner halten, muß der Religionslehrer auf ›Gouverneur‹ ausweichen, benützt aber damit ein Wort, das auch vielen anderen Sprachen geläufig ist und, ähnlich wie ›Telefon‹ für ›Fernsprecher‹, leichter verstanden wird, also Sprachbarrieren abbauen hilft), so scheinen mir bei der Formenbildung die Verluste zu überwiegen. Man kann heute Dinge, die man bis vor kurzem noch sagen konnte, nicht mehr sagen, weil die Formen dafür nicht mehr geläufig sind, ja vielfach schon nicht mehr verstanden werden. Ein

Beispiel, das auch die Wortbildung betrifft: Noch vor zwanzig Jahren war ein ›Fernseher‹, analog zum ›Radiohörer‹, ein Mensch, der fernsah. Heute muß man dafür den Pleonasmus ›Fern*sehzuschauer*‹ benützen, weil der ›Fernseher‹ das Fernsehgerät geworden ist. Das wäre nicht weiter schlimm. Häufig gebrauchte Wörter neigen zu Kurzformen. Aber nun taucht seit einiger Zeit in der Umgangssprache das Wort ›Fernseh‹ auf, das sowohl das Fernsehen als Einrichtung wie als Vorgang meint und noch dazu auch den Fernsehapparat bedeutet: »Kann ich zu euch zum Fernseh kommen? Unser Fernseh ist kaputt.« Wer glaubt, solche Schlamperei werde nie in die Hochsprache Eingang finden, sollte bedenken, daß dies vor zwanzig Jahren vom ›Fernseher‹ (= Fernsehgerät) ebenso behauptet wurde. Ich habe kürzlich eine Stereoanlage der japanischen Firma Denon gekauft. In der Bedienungsanleitung wird der Benützer belehrt, was er bei auftretendem Brummen zu tun hat. Dieses Brummen heißt dort stets ›der Brumm‹. Vielleicht macht diese Entwicklung bald die Diskussion über die gemäßigte Kleinschreibung überflüssig, zumindest was die Nichtmehrerkennbarkeit substantivierter Verben (vor allem in philosophischer Sprache) betrifft: ›das Denken‹ heißt dann ›der Denk‹, und da auch ›der Denker‹ zum ›Denk‹ werden wird, wird Denken unmöglich: es setzt die Verwendbarkeit der dazu nötigen Begriffe voraus.

Am deutlichsten zeigt sich der Abbau der Formen bei den Verbformen, und hier wiederum beim Konjunktiv. Freilich ist der Befund alles andere als eindeutig. Deshalb ein paar Bemerkungen vorweg.

Möglichkeiten, Gesagtes zu relativieren, Zweifel oder Nichteinverständnis auszudrücken, hat die Sprache mehrere entwickelt. Neben dem Konjunktiv gibt es Wörter: vielleicht, kann sein, eventuell, möglicherweise, es ist denkbar, daß ... usw. Ähnlich wie der Imperativ durch indikativische Formen ersetzt werden kann: ›Du kommst jetzt sofort her!‹, dient das Futur für Vermutungen und kann den Konjunktiv ersetzen. Statt ›Es heißt, er komme‹ also: ›Er wird schon kommen‹.

Auch die Ironie unterläuft die Realität des Indikativs mühelos: ›Selbstverständlich war Hitler der größte Feldherr aller Zeiten.‹ Dagegen kann der Konjunktiv dann geradezu als Abschwächung empfunden werden: ›Hätte er nicht den Krieg verloren, dann sähe das heute jedermann ein.‹

Trotzdem sind alle diese Möglichkeiten im Vergleich zum Konjunktiv nur sehr beschränkt anwendbar. Man ist also auf den Konjunktiv angewiesen. Aber wer ihn gebrauchen will, gerät rasch in Teufels Küche. Gibt es den Konjunktiv als Norm, als System von Regeln, die über *richtig* und *falsch* entscheiden, überhaupt?

In der Umgangssprache gibt es ihn so nicht. Auch wer die Regeln schriftsprachlich zu beachten sucht, gibt diese Mühe auf, sobald er spricht. ›Falsche‹ Konjunktive werden, auch von Gebildeten, nicht als Fehler empfunden. Wer sonst grammatisch richtig zu sprechen trachtet, tut Hinweise auf Konjunktivfehler als Haarspalterei ab oder beruft sich auf sein subjektives Sprachgefühl, auf sein Recht, zu reden, wie ihm der Schnabel gewachsen sei. Daß dergleichen auch in die Schriftsprache mit einfließt, versteht sich von selbst: der Autor läßt seine Personen falsche Konjunktive gebrauchen, weil das realistisch ist, und gebraucht sie, bewußt oder unbewußt, dann auch selbst. Ließe er sie stets korrekte Konjunktive benützen, schüfe er ihnen damit eine künstliche Sprache, da niemand so redet. Die Anwendung der Regeln würde zu einer Künstlichkeit führen, die sich selber als solche plakatiert, wo man sie tatsächlich antrifft. Ich lese bei Karl Kraus: »In der Sprachwissenschaft muß ein Autor nicht unfehlbar sein. Auch kann die Verwendung unreinen Materials einem künstlerischen Zweck frommen. Ich vermeide Lokalismen nicht, wenn sie einer satirischen Absicht dienen. Der Witz, der mit gegebenen Vorstellungen arbeitet und eine geläufige Terminologie voraussetzt, zieht die Sprachgebräuchlichkeit der Sprachrichtigkeit vor, und nichts ist ihm ferner als der Ehrgeiz puristischen Strebens.«[4] Kraus hätte hinzufügen können, daß es der Wunschtraum des Puristen ist und wohl auch bleiben wird, Sprachgebräuchlichkeit und Sprachrichtigkeit könnten eines Tages, womöglich infolge seiner, des Puristen, Bemühung, eins werden.

Nun also zum Konjunktiv, zum ach so schwierigen.

Es ist noch gar nicht lange her, da glaubte man, ihn endlich in den Griff bekommen zu haben. Hatte man sich nämlich zuvor mit dem Mißverständnis der *consecutio temporum* herumgequält, in der irrigen Annahme, der vom Präsens abgeleitete, heute *Konjunktiv I* genannte Konjunktiv (hat – habe, kommt – komme, sagt – sage) müsse auch Präsensfunktion haben, der vom Präteritum abgeleitete, heute *Konjunktiv II* genannte (hatte – hätte, kam – käme, sagte – sagte/würde sagen) dementsprechend Vergangenheit ausdrücken, entdeckte man mit einemmal, daß dies nicht stimmt. Konjunktiv I und II haben beide ein ausgebildetes Zeitensystem und dienen nicht dem Ausdruck von Zeiten, sondern dem verschiedener Realitätsgrade. Der Konjunktiv I wird hauptsächlich für die indirekte Rede benützt; Hauptsatz und abhängiger Nebensatz sind dabei voneinander völlig zeitunabhängig, so daß alle folgenden Sätze denkbar sind, auch wenn viele davon kaum je auftreten:

er wird gesagt haben		sie werde gekommen sein
er wird sagen		sie werde kommen
er sagt		sie komme
er sagte	,	
er hat gesagt		sie sei gekommen
er hatte gesagt		

Ergänzen müßte man diese Übersicht noch um das (allerdings seltene) dem französischen *passé surcomposé* entsprechende doppelte Perfekt ›sie sei gekommen gewesen‹, das benützt, wer im Konjunktiv der Vergangenheit Vorzeitigkeit ausdrücken will, die sonst durch den Zusammenfall von Imperfekt, Perfekt und Plusquamperfekt verlorengeht. Dieser Zusammenfall kann Vorgänge undurchschaubar machen: Ein Mann betritt sein selten benütztes Landhaus, geht aufs Klo, hebt den Klodeckel hoch und sieht, daß in der Kloschüssel eine Spinne ihr Netz gesponnen hat. Setzt man diesen Vorgang in die indirekte Rede der Vergangenheit, so heißt es: Er sei aufs Klo gegangen, habe den Deckel hochgehoben und gesehen, daß in der Kloschüssel eine Spinne ihr Netz gesponnen habe. Daß sie es lange zuvor getan hat, geht hier verloren, die Vorgänge könnten auch gleichzeitig sein. Will man die Vorzeitigkeit wiederherstellen, braucht man das in manchen Gegenden Süddeutschlands noch durchaus übliche doppelte Perfekt: ›daß sie ein Netz gesponnen gehabt habe‹.

Der Entdeckung von Konjunktiv I und II folgte eine Euphorie. Sie schlug sich in zahlreichen Grammatiken nieder, zumal in Lehrbüchern der deutschen Sprache für Ausländer[5] – endlich schien der so schwierige Konjunktiv lernbar. Ich selbst habe jahrelang als Lektor an ausländischen Universitäten diesen Konjunktiv gelehrt und erst langsam gemerkt, wie wenig er der deutschen Sprachwirklichkeit entspricht.

Welches sind die Gründe dafür?

1. Einen echten Konjunktiv I gibt es nur noch bei ›sein‹. Bei den Modalverben unterscheiden sich mehrere Formen vom Indikativ, bei allen anderen Verben nur noch die dritte Person des Singular, die allerdings auch am häufigsten gebraucht wird. Die anderen Personen fallen mit dem Indikativ zusammen. Manche Autoren stört das nicht: »Die Hofbesitzer *werden* uns verklagen, gleich werde die Untersuchung beginnen.«[6] Oder: »Sozial sei es einfach ein Jammer, abgesehen davon, daß Jeannette Unzucht mit Pflanzen nicht für fair halte. Aber wo ich denn die ganze Zeit meine Augen *habe*?«[7] Die korrekt angewendete Duden-

Regel schreibt in diesen Fällen den Ersatz durch die Formen des Konjunktivs II vor: *würden, hätte.*

Bei den schwachen Verben fallen Konjunktiv I, II und Imperfekt weitgehend zusammen. Deshalb ersetzt man, um Konjunktiv I und II noch unterscheiden zu können, diese Formen beim Konjunktiv II durch die *würde*-Formen, die sich, weil sie so bequem sind, auch beim Konjunktiv II der starken Verben breitmachen und sogar beim Konjunktiv I. Hugo Moser glaubt, daß dies zu einem Einheitskonjunktiv führen könne.[8]

2. Wenn, wie schon erwähnt, die gesprochene Sprache die Duden-Norm fast überall negiert, führt dies vermutlich dazu, daß auch bei sprachbewußten Autoren die deskriptive Grammatik der normativen den Rang abläuft. Es müßte schon eine regelrechte Nostalgiewelle die selten gewordenen Konjunktivformen der starken Verben (›stürbe‹, ›böte‹, ›schwölle‹, ›bärge‹, ›mölke‹) wieder aufwerten, damit sie nicht aussterben.

3. Die regionalen Unterschiede im Gebrauch des Konjunktivs innerhalb des deutschen Sprachraums sind so groß, daß, zumindest in der Umgangssprache, von ›richtig‹ oder ›falsch‹ zu sprechen wenig Sinn hat. Wenn der lebendige Sprachgebrauch der Norm völlig zuwiderläuft, stellt die Norm nur noch eine theoretische Forderung dar; ihr Wert ist abstrakt. In Norddeutschland, aber auch in Österreich oder in der Schweiz wird der Konjunktiv I umgangssprachlich meist durch den Konjunktiv II ersetzt. *Wäre* statt *sei* trifft man in Kleists *Michael Kohlhaas* ebenso an wie in Max Frischs *Stiller.*

Man muß annehmen, daß es ein überall verbreitetes Bewußtsein vom rechten Gebrauch des Konjunktivs, wie ihn die Duden-Norm propagiert, nie gegeben hat; die Regeln beschreiben einen Soll-, aber keinen Ist-Zustand.

Soll man die Regeln also wieder abschaffen? Keineswegs. So wie der bildende Künstler in der Akademie zuerst einmal ordentlich zeichnen lernen muß, ehe man ihm das Recht zubilligt, die Fesseln etwa der Perspektive zu sprengen, sollte zumindest der Schriftsteller seine Sprache nicht einfach als etwas auffassen, das man eben hat und dessen man sich, ohne darüber nachzudenken, bedient. Beherrschung setzt Kenntnis voraus. Läßt ein Autor seine Figuren falsche Konjunktive benützen, so mag das gerechtfertigt sein: der Realismus, den Leuten aufs Maul zu schauen, gebietet es sogar. Schreibt er aber selbst so, dann ist dies nicht mehr zu entschuldigen, wenn der Sinn dadurch unklar wird oder ganz verlorengeht. Ein Beispiel für viele aus August Kühns Roman *Die Vorstadt*: »[. . .] aber bis zum Ableben des alten Stach wäre noch nichts entschieden worden, hätten die Schmiede in der äußeren Stadt München Bestand gehabt.«[9] Erst die genaue Lektüre der Passage zeigt, daß Kühn meint, es *sei* noch nichts entschieden worden, *und* die Schmiede hätten Bestand gehabt. Wer diesen Zusammenhang nicht erfaßt, muß den Satz ganz anders auffassen, nämlich so: ›Wenn die Schmiede Bestand gehabt hätten, dann wäre bis zum Ableben des alten Stach noch nichts entschieden worden.‹ Da ›hätten‹ doppeldeutig ist, *muß* statt ›wäre‹ hier ›sei‹ stehen.

Solche Fehler kommen in diesem Roman zu Hunderten vor; die Lektüre wird zur Zumutung. Derlei trifft man bei Gegenwartsautoren leider häufig und immer häufiger. Der Kritiker, der den Autor rügt, wird von diesem in der Regel als läppischer Schulmeister oder unerträglicher Beckmesser hingestellt. Die Verlagslektoren, meist selbst unfähig, die Fehler zu verbessern, machen aus der Schwäche eine Stärke: Vorrang vor jeder Korrektur habe das Recht des Autors, sich so auszudrücken, wie er es für gut halte.

Die Einhaltung der Regeln in solchen Fällen erscheint auch aus einem anderen Grund geboten. Gar nicht so selten nämlich und durchaus nicht nur in Ad-hoc-Konstruktionen der Grammatiker ist schon der korrekte Konjunktiv doppeldeutig. Wenn dann noch Fehler hinzukommen, geht der Sinnzusammenhang völlig verloren. Diese Doppeldeutigkeit kann eintreten, wenn innerhalb indirekter Rede ein echter Konjunktiv II auftaucht, der, wie in der Vererbungslehre ein dominantes das rezessive Merkmal, automatisch den Konjunktiv I überdeckt, oder auch dann, wenn im Plural Ersatzformen und echte Konjunktiv-II-Formen zusammenfallen. Siegfried Jäger gibt ein Beispiel: »Er sagte, sie sähen sie, wenn sie das Haus verließen.«[10] Das kann indirekte Rede sein, die, zurückverwandelt, bedeutet: ›Sie sehen sie, wenn sie das Haus verlassen‹, oder Konditionalis: ›Sie sähen sie, falls sie das Haus verließen.‹ In den meisten Fällen schafft der Kontext Klarheit, aber nicht immer. Jäger zitiert ein Beispiel aus einem politischen Artikel in der *Frankfurter Allgemeinen Zeitung*, den man nur verstehen konnte, wenn man den erhellenden Sachverhalt anderen Artikeln aus den Vortagen entnommen hatte.

Wer die Regeln fahrlässig mißachtet, bringt sich auch um die Möglichkeit, Nuancen auszudrücken, die genaue Regelkenntnisse voraussetzen. Auch hierzu ein erleuchtendes Beispiel aus Jägers Aufsatz. ›Er sagt, er sei krank‹ – dieser Satz teilt eine Tatsache mit, für die sich jedoch derjenige, der ihn spricht, nicht verbürgt. Bei ›Er sagt, er wäre krank‹ erwartet der Hörer eine Ergänzung, etwa: ›wenn er den Giftpilz gegessen hätte‹. Nun kann man aber auch mit *wäre* ausdrücken, daß man dem Sprecher nicht glaubt: ›Er sagt, er wäre krank. Vielleicht will er sich aber nur ein paar schöne Tage machen.‹[11]

Nicht nur in der indirekten Rede, sondern auch in Fällen, wo dies jedem Sprachsinn zuwiderläuft, findet man immer häufiger den Verstoß, daß Konjunktiv durch Indikativ ersetzt wird. Ein Beispiel aus Gerhard Roths Roman *Der Stille Ozean*: »Er lächelte, als ob er mit sich selbst *sprach* und alles an seinem inneren Auge vorbeiziehen *ließ*.«[12] Keine noch so nachsichtige Lektüre, die etwa den Realitätsgehalt des *als ob*-Satzes in Rechnung stellte, könnte darüber hinweg, daß hier der Konjunktiv stehen müßte. Ob allerdings Konjunktiv I (spreche, lasse) oder II (spräche, ließe) – darüber später.

Daß man dem Konjunktiv auch einfach aus dem Weg gehen kann, wie es in gesprochener Sprache häufig ist, entdecken norddeutsche Schriftsteller, die sich mit ihm immer schon schwerer getan haben als süddeutsche, nun häufig. Für ›Er sagt, sie kommt‹ führen sie zwei Gründe an:

1. Das sei direkte Rede. Die Schreibweise ›Er sagt: »Sie kommt.«‹ sei aufwendig und von übertriebener Deutlichkeit.

2. Auch in indirekter Rede sei Indikativ möglich, wenn es über die Tatsächlichkeit des Gesagten keinerlei Zweifel gebe. Das stimmt. Der Konjunktiv der indirekten Rede soll ja relativieren. Wo diese Relativierung sinnlos ist, wird er überflüssig. Das Französische kennt den *subjonctif* in der indirekten Rede ohnehin nicht, begibt sich allerdings dadurch mancher Möglichkeiten und muß, da das *il dit que* schon Konjunktivfunktion hat, redeunabhängige Wirklichkeit dann auf andere Weise (etwa mit *réellement*) wiederherstellen.

Daß solche redeunabhängige Wirklichkeit Regeln außer Kraft setzt, findet man häufig, auch in anderen Sprachen und Zusammenhängen; im Französischen etwa wird auf diese Weise die Regel, daß in einem Nebensatz eine Zeit mit *imparfait*-Endung stehen muß, wenn der Hauptsatz in der Vergangenheit steht, außer Kraft gesetzt: ›Il a dit que cette règle *est* toujours valable‹ (statt *était*).

Müßten Verlagslektoren, soweit sie noch dazu imstande sind, ihre

Autoren bei sinnstörenden Fehlern zur Korrektur bewegen und die Veröffentlichung des Manuskripts im Extremfall sogar von der Korrektur abhängig machen, so liegt der Fall dort anders, wo ein Autor, der die Regeln sehr wohl kennt, bewußt von ihnen abweicht, weil er triftige Gründe dafür hat. Freilich – die Grenze ist fließend, um so mehr, als sich so mancher Autor einfach auf sein Sprachgefühl beruft, und was es damit auf sich hat, kann man bei Gauger/Oesterreicher nachlesen.[13] Im Grunde aber sind solche Fälle für den, der sich mit dem Konjunktiv beschäftigt, die interessantesten. Schauen wir uns einige an. Ich wähle sie aus Martin Walsers Novelle *Ein fliehendes Pferd*[14] und habe sie, um mich abzusichern, mit dem Autor besprochen.

1. »Auch hatte er das Gefühl, Klaus Buchs Frau langweile sich beim Anhören dieser sie überhaupt nicht betreffenden Formulierungen.« (S. 24) »Helmut hatte das Gefühl, daß das Boot jetzt gleich kentern werde.« (S. 119) Zunächst scheint es, als ob ›das Gefühl haben‹, ähnlich wie ›denken‹, ›meinen‹, ›vermuten‹ usw., hier in derselben Funktion wie ›sagen‹ gebraucht sei – dies wäre eine Erweiterung der indirekten Rede, die demnach auch das (unhörbare) Mit-sich-selbst-Reden umfassen würde. In der Tat lassen sich solche Fälle mühelos belegen. Nun könnten die beiden Sätze jedoch auch lauten »... hatte das Gefühl, als langweile sich Klaus Buchs Frau ...«, und: »... hatte das Gefühl, als werde das Boot ... kentern.« Statt *als* könnte auch *als ob* oder *wie wenn* stehen; allerdings stünde im zweiten Satz nach *wie wenn* eher der Konjunktiv II: »... wie wenn das Boot jetzt gleich kentern würde«. Daß Walsers Fassungen stilistisch besser sind – keine Frage. Wichtig ist aber, daß bei *als*, *als ob* und *wie wenn* sowie bei syntaktisch verwandten Sätzen sowohl Konjunktiv I wie II stehen kann. Freilich wird ein Autor, der auf Nuancen achtet, auch hier unterscheiden. Der Konjunktiv II wird eher gebraucht, wenn der *als ob*-Satz etwas fraglos Irreales enthält: »Es ist, *als wäre* die ganze Welt nur noch ein Kirchenschiff. Und das Phantastische, der Raum selbst, das Kirchenschiff, stell dir das vor, bleibt nicht an Ort und Stelle [...].« (S. 113) Stünde hier *als sei* – die phantastische Vorstellung erhielte einen Grad an Realität, der ihr nicht zusteht. Schwieriger ist die Entscheidung für Konjunktiv I oder II, wenn der *als ob*-Satz nichts eindeutig Irreales enthält. Aber gerade dann dient die Wahl der Differenzierung: ›Mir ist, als sei ich nicht ganz gesund‹ und: ›Mir ist, als wäre ich nicht ganz gesund‹. Das Kranksein ist im zweiten Satz weniger wahrscheinlich als im ersten und wird noch fraglicher, wenn, wie eben erwähnt, *wie wenn* an die Stelle von *als ob* tritt.

2. In den letzten Jahren hat eine Konstruktion zugenommen, die es, soweit ich weiß, höchstens seit 40 Jahren gibt: die indirekte Frage ohne Fragepronomen und *ob*: »Gebe es etwas Schöneres als einen warmen Sommerregen?« (S. 79) Die Satzstellung ist hier die gleiche wie bei der direkten Frage (Gibt es etwas . . .), und man darf vermuten, daß Analogiebildung vorliegt. Da man bei der Umwandlung von Aussagesätzen direkter Rede in solche indirekter Rede keine Umstellung braucht (Er sagt: »Sie kommt« / Er sagt, sie komme), erscheint offenbar die bei der entsprechenden Umwandlung von Fragesätzen nötige syntaktische Veränderung als zu aufwendig. Walser begründet seine Vermeidung des *ob* an dieser Stelle damit, daß der Satz mit *ob* zu schwerfällig wirke, da der Zusammenhang die indirekte Rede schon genügend deutlich mache: »Er und Sabine behaupteten, sie gingen immer in Kleidern durch den Regen. Das seien sie so gewöhnt. Gebe es etwas Schöneres als einen warmen Sommerregen?«

Auch wenn man dem Autor – gerade heute, wo dergleichen seltener geschieht als früher – das Recht zubilligen muß, grammatisches Neuland zu betreten: Ich gestehe, daß mir diese Form der indirekten Frage häßlich erscheint. Sollte sie sich durchsetzen, so wäre sie bestimmt kein Gewinn für die Sprache, denn die Einleitung der indirekten Frage durch ein Fragepronomen oder durch *ob* dient der Klarheit. Der Hörer oder Leser weiß, worauf er sich einzustellen hat.

Auch Walser selbst benützt in anderen Fällen, trotz eindeutigen Kontextes, die normalen *ob*-Konstruktionen: »Ob sie auf dem Weg vom See bis hier herauf irgendwo einen Dürreschaden gesehen hätten? Er nicht.« (S. 85) Zu untersuchen wäre, ob es einen Unterschied macht, daß der *ob*-Satz im Perfekt steht, der ohne *ob* im Präsens. Interessant ist immerhin, daß indirekte Fragesätze ohne *ob* im Präteritum, noch dazu wenn der Konjunktiv mit dem Imperfekt zusammenfällt, weit ›falscher‹ wirken, etwa im folgenden Satz des freilich auch sonst stilistisch sehr unsicheren Autors Godehard Schramm: »Annemaries Schmerzen drangen nicht durch meine Haut, denkt er, und wenn sie jetzt da wäre – durchstießen sie mich?« Hier würde selbstverständlich ›würden sie mich durchstoßen?‹ genügen. Behält man indessen die Verbform bei, dann müßte es hier heißen: ›ob sie mich durchstießen?‹

Im Grunde handelt es sich bei solchen Sätzen um ein ungutes Mittelding zwischen direkter und indirekter Frage. Wenn die Satzeinleitung fehlt, welche die indirekte Frage als solche kennzeichnet (Er fragt, ob sie komme), muß das Fragezeichen stehen (Ob sie komme?), das eigentlich, wie die Anführungszeichen, zur direkten Frage gehört. Fällt auch das *ob* noch weg, dann ist an einem Satz wie ›Komme sie?‹ mehr direkte als indirekte Frage – schließlich beträgt der Unterschied nur noch das absolute Minimum: einen Buchstaben (Komme sie? / Kommt sie?).

3. Jeder um guten Stil bemühte Autor vermeidet Wortwiederholungen, sofern er sie nicht absichtlich als Stilmittel benützt wie etwa Hemingway. Nun ist es bei längeren Passagen in zusammengesetzten Zeiten (Futur, Perfekt, Plusquamperfekt) ähnlich wie im Passiv oft unmöglich, die Häufung der Hilfsverben zu umgehen. Manchmal, vor allem in poetischer Sprache, werden sie einfach weggelassen, wenn man sie mühelos ergänzen kann: »Ihr seid verwundert, Sir, daß ich so schnell / das Herz geändert« (habe) »gegen die Maria« (Schiller, *Maria Stuart*, II/8).

Bedenklicher erscheint es, wenn, wie allerdings bei Schiller häufig, vom Konjunktiv in den Indikativ gewechselt wird: »O wärst du wahr gewesen und gerade, / Nie kam es dahin, alles stünde anders!« (*Wallensteins Tod*, II/7). Denn auch, daß es ja in der Tat dahin gekommen ist, daß also ›es kam dahin‹ mitgedacht wird, ändert nichts daran, daß es sich um einen irrealen Bedingungssatz handelt: ›Nie wäre es dahin gekommen, wenn . . .‹ Bei Schiller fällt dieser Gebrauch auf, da er sonst vor allem in Norddeutschland zuhause zu sein scheint, und hier wiederum besonders häufig in der Emphase: »Das mußte ein Tor sein!« (statt: ›Das hätte ein Tor sein (werden) müssen!‹).

Bei Walser steht der Indikativ in Konjunktivzusammenhängen, auch unabhängig von Reihungen, vor allem da, wo die dadurch hervorgehobene Aussage allgemeiner ist als die des Kontextes, mehr vom Einzelfall unabhängige Gültigkeit beansprucht: »Helmut dachte, daß es vielleicht eine Art Laster sei, aber das süßeste aller Gefühle sei es doch zu erleben, daß auch die eigene Frau keine Ahnung *hat* von einem.« (S. 43/44)

Häufiger wird, wenn sich zusammengesetzte Formen von Konjunktiv I reihen, gelegentlich um der Abwechslung willen bewußt ein ›falscher‹ Konjunktiv II dazwischengeschoben, vor allem *hätte* statt *habe*, weitaus seltener *wäre* für *sei*. Sogar Thomas Mann, der sonst sehr genau auf korrekte Konjunktive achtete (oder sie eben beherrschte), tat dies gelegentlich, um Eintönigkeit zu vermeiden.

Demselben Zweck dient ein anderes Mittel Walsers. Immer häufiger in seinen letzten Werken durchbricht er die indirekte Rede mit direkter: »[. . .] man solle sich einmal diese Felder anschauen, wie die dastünden, eine Ähre so schön voll wie die andere. Ob sie auf dem Weg vom See hier herauf irgendwo einen Dürreschaden gesehen hätten? Er nicht. Aber diese Schwindler kassieren und kassieren. Na ja, er sage das nur, weil er neidisch sei.« (S. 85) Walsers Begründung: Der Wechsel von indirekter und direkter Rede diene der Lebendigkeit, er sei eine Art Inszenierung, etwas wie der Beleuchtungswechsel auf der Bühne.

Man darf freilich vermuten, daß in solchen Fällen die direkte Rede deshalb mit einfließt, weil, wie schon gezeigt, dem Indikativ mehr Realität zukommen soll. Der Satz »Diese Schwindler kassieren und kassieren« ist, auch ohne Ausrufezeichen, ein Ausrufesatz – der Konjunktiv ›kassierten‹ würde ihn wieder in Frage stellen. Ähnlich verhält es sich an vielen Stellen. Ein Beispiel: »Er verändere sich durch sein Lesen, das schon. Er komme von keiner gelesenen Seite als der zurück, der die Seite aufschlug.« (S. 95) Da soll wohl einer etwas kühnen Behauptung mit dem Indikativ mehr Nachdruck verliehen werden. Wenn sie hieße ›der die Seite aufgeschlagen habe‹, wäre sie schon weniger glaubhaft.

4. Um den Grad an Realität oder Infragestellung geht es auch häufig bei der Verwendung von Konjunktiv I und II beim Futur. Da die *würde*-Formen als Ersatzformen für den (mit dem Imperfekt zusammenfallenden) Konjunktiv I bei schwachen Verben dienen müssen, ist weitgehend in Vergessenheit geraten, daß sie ursprünglich die Konjunktivformen des Futurs sind. ›Er würde sagen‹ ist der Konjunktiv II von ›er sagt‹, aber auch, und dies ist der ältere Gebrauch, von ›er wird sagen‹. Was jeweils gemeint ist, ist auch im Kontext nicht immer eindeutig, und selbstverständlich kann der Autor die Doppeldeutigkeit absichtlich einsetzen, mit ihr spielen. Er kann auch, wo er *würde*-Formen selbst von starken Verben benützt, die Futur-Bedeutung mit einfließen lassen, auch wenn sie nicht auf den ersten Blick evident sein mag: »Wenn ein einziges Mal zwei Männer zusammenhülfen, würden sie einen ungeheuren Sieg erringen.« (S. 112) Man könnte argumentieren: Wer schon den gewiß nicht mehr ohne weiteres üblichen Konjunktiv ›hülfen‹ nicht scheut, könnte auch ›errängen‹ wagen, zumal der Konditionalzusammenhang sich im nächsten Satz als Irrtum erweist – dort steht der Konjunktiv I der indirekten Rede: »Wenn jeder allein bleibe, müsse sich eben jeder auf seine eigene miese Art durchschwindeln [...].« Im Gegensatz zu dem, was die grammatischen Formen nahelegen, sei, so Walser, der zweite Satz als Hypothese aufzufassen, freilich als eine, deren Realisierung droht, wenn Klaus und Helmut nicht tun, was Klaus vorschlägt. Sie müssen, sie werden es aber tun – deshalb das Futur ›würden erringen‹ statt des irrealen ›errängen‹.

Man kann auch einen grammatisch nicht notwendigen Wechsel von ›werde‹ und ›würde‹ dazu benützen, Abstufungen im Realitätsgrad deutlich zu machen. Die folgenden Sätze sind grammatisch durchaus regelgerecht, aber der Leser, der sich den Grund für den Wechsel klarzumachen sucht, wird zunächst eher an eine Freiheit denken, die Walser sich genommen hat: »Helmut hatte das Gefühl, daß das Boot jetzt gleich kentern *werde.* Spätestens, wenn Klaus Buch das Großsegel wieder hereinholen *würde*, wenn wieder diese entsetzliche Lage entstehen *würde.*« (S. 119)

Gelegentlich werden *würde*-Formen gebraucht, wenn es gilt, grammatisch korrekte, aber stilistisch allzu auffällige Hervorhebungen zu vermeiden: »Wenn es« (das Boot) »sinken würde, würde er auch sinken.« (S. 121) Sofern hier mit dem zweiten ›würde‹ eine zwar nicht zeitliche, aber doch logische Aufeinanderfolge ausgedrückt werden soll, das Futur also in Beziehung zum *wenn*-Satz Absicht ist, dann wäre ›Wenn es sänke‹ möglich und, losgelöst vom Kontext, vielleicht auch schöner, aber ›Wenn es sänke, würde er auch sinken‹ gäbe dem Wechsel in der grammatischen Form in der Tat zuviel Gewicht und würde den Sinn eher stören, als ihn zu vermitteln. Bei ›Wenn es sänke, sänke er auch‹ wiederum macht sich die preziöse Form selbständig, rückt die Aussage zu sehr ins Irreale, also in diesem Fall in die reine Hypothese, und zudem ist zweimaliges ›sänke‹ stilistisch zweifelhaft: der lange Vokal verzögert das Sinken ungebührlich.

Auch den Wunsch, daß etwas nicht eintreten möge, kann man durch den Konjunktiv II, der den Sachverhalt stärker ins Nichtrealisierbare rückt, verdeutlichen: »Er hoffte, Hel und Sabine bemerkten, daß er dieses Zeug nur sagte, damit das Schweigen nicht noch mehr anwüchse.« (S. 132) Wenn er hoffen würde, es möge anwachsen, dann, so Walser, hätte er vermutlich Konjunktiv I gesetzt, obwohl der Optativ den Konjunktiv II erfordern würde: ›damit es noch mehr anwachse‹.

Diese Beispiele sollten zeigen: Der Gebrauch des Konjunktivs steckt voller Möglichkeiten, von denen die Sprachnorm nichts oder nur wenig weiß. Ob freilich der Leser die Absichten des Autors spürt oder nur darüber wegliest? Zu einem guten Teil hängt dies sicher davon ab, ob ihm selber die Probleme des Konjunktiv-Gebrauchs einmal bewußt geworden sind. Auch von seinem Bildungsgrad, seiner regionalen Zugehörigkeit – von all den Faktoren, die hier mitspielen. Eins freilich, so hoffe ich, ist klargeworden: Zwar braucht man, wie überall in der Grammatik, eine Norm und Regeln. Ob aber Abweichungen davon mit den Begriffen ›richtig‹ und ›falsch‹ erfaßt werden können – das muß jedem, der sich mit dem Konjunktiv eingehender beschäftigt, auch desto fragwürdiger werden. Diese Verunsicherung ist teilweise bedingt durch den Abbau der Formen, durch viele ganz eindeutige Fehler im Gebrauch, durch die Gleichgültigkeit derer, die solche Fehler machen und es wohl am liebsten hätten, wenn, was so viele falsch machen, eben auch für richtig erklärt würde. Aber die Unsicherheit ist wohl ebenso bedingt durch eine Beweglichkeit, die der meisten grammatischen Regelungen spottet und dort, wo sie sinnvoll genützt wird, dem Sprechenden oder Schreibenden gestattet, Nuancen auszudrücken, die sonst, viel schwerfälliger, nur durch wortreiche Umschreibungen ausgedrückt werden könnten. Den Klagen über schlechte und falsche Konjunktive sowie über den Verlust des Konjunktivs sollte man deshalb gerechterweise das Lob der Autoren gegenüberstellen, die im Konjunktiv ein raffiniertes sprachliches Mittel sehen und es auch gebrauchen.

Freilich – ob ein Schriftsteller den Konjunktiv fleißig oder sparsam verwendet, sagt über den Wert oder die Aktualität seiner Werke gar nichts aus. Man könnte ja vermuten, unsere Zeit, in der so vieles fragwürdig geworden ist, was früher nie in Frage gestellt wurde, müsse den Gebrauch von Formen nahelegen, die Relativierung, Verunsicherung und Infragestellung ausdrücken. Wäre dem so, dann wäre Gotthelf ein moderner Autor und Kafka ein rückständiger. Aber Kafka ist mit dem Konjunktiv sehr sparsam umgegangen. Das Irreale seiner Welt entsteht nicht durch grammatische Formen, sondern dadurch, daß das Absurde so dargestellt wird, als wäre es normal.

1 In: Peter Braun (Hrsg.), *Deutsche Gegenwartssprache*, München 1979, S. 17–48

2 Etwa alemannische Konjunktivformen, die starke und schwache Verbformen miteinander verbinden: er häbe (habe/hätte), ihr kämtet (kämt, t der schwachen Verben zusätzlich).

3 Auch andere Sprachen kennen dasselbe Problem. Frz. *téléviseur* war ursprünglich ebenfalls doppeldeutig. Einem Pleonasmus wie ›Fernseh-schauen‹ ging es freilich durch die Abkürzung aus dem Weg: *regarder la télé.* Das Italienische hat für den Fernsehzuschauer *telespettatore* entwickelt.

4 Karl Kraus, *Sprüche und Widersprüche*, Frankfurt a. M. 1965, S. 121

5 Etwa in: Dora Schulz und Heinz Griesbach, *Grammatik der deutschen Sprache*, achte neubearbeitete Auflage, München 1970. Diese Grammatik hat durch ihre Verwendung in den Goethe-Instituten des In- und Auslands großen Einfluß gewonnen.

6 Franz Kafka, »Der Schlag ans Hoftor«

7 Adolf Muschg, *Das Licht und der Schlüssel*, Frankfurt a. M. 1984, S. 175

8 Hugo Moser, Wohin steuert das heutige Deutsch? In: Peter Braun (Hrsg.), *Deutsche Gegenwartssprache*, S. 49–68, Zitat S. 54

9 August Kühn, *Die Vorstadt*, München 1981, S. 113

10 Siegfried Jäger, Gebrauch und Leistung des Konjunktivs in der deutschen geschriebenen Hochsprache der Gegenwart, in: Peter Braun (Hrsg.), *Deutsche Gegenwartssprache*, S. 296–320, Zitat S. 308

11 ibid., S. 311

12 Gerhard Roth, *Der Stille Ozean*, Frankfurt a. M. 1980, S. 239

13 Hans-Martin Gauger und Wulf Oesterreicher, Sprachgefühl und Sprachsinn, in: *Sprachgefühl? Vier Antworten auf eine Preisfrage*, Heidelberg 1982, S. 9–90

14 Martin Walser, *Ein fliehendes Pferd*, Frankfurt a. M. 1978

Postskriptum

Professor Dr. C. F. Freiherr v. Weizsäcker
emeritiertes wissenschaftliches Mitglied
der Max-Planck-Gesellschaft

Starnberg, den 16. 1. 1985

Sehr geehrter Herr Gauger,

leider fehlt mir die Zeit, Ihre Frage zu beantworten.
Ich weiß außerdem nicht, ob mir die heutige deutsche Sprache gefällt oder nicht. Wenn man älter wird, ist man ja in der veränderten Welt nicht mehr ganz zu Hause, also auch nicht in ihrer Sprache.

Mit freundlichen Grüßen
(gez.) v. Weizsäcker

Bio-bibliographische Notizen

Ayren, Armin, Dr. phil., geb. 1934 in Friedrichshafen, war nach dem Studium der Germanistik und Romanistik in Tübingen, München und Paris für kurze Zeit im Schuldienst, dann acht Jahre lang Lektor in Aix-en-Provence, Toulouse, Mailand und Nizza sowie Kulturreferent in Biberach a. d. Riß und ist seitdem Gymnasiallehrer für Deutsch und Französisch in Waldshut. Veröffentlichte neben zahlreichen Literaturkritiken Romane und Erzählungen, zuletzt »Buhl oder der Konjunktiv. Roman« (1982), »Der flambierte Säugling« (1985) und »Das Blaue vom Ei. Erzählungen« (1985).

Drosdowski, Günther, Prof. Dr., Mitglied der Deutschen Akademie für Sprache und Dichtung, geb. 1926 in Osterode, war nach dem Studium der Germanistik, Anglistik und Nordistik sowie der vergleichenden und allgemeinen Sprachwissenschaft bis 1961 Mitarbeiter der Deutschen Akademie der Wissenschaften in Berlin (Ost), arbeitet seither in der Duden-Redaktion in Mannheim, deren Leiter er seit 1973 ist. Unter seiner Leitung erschien Dudens »Großes Wörterbuch der Deutschen Sprache« (6 Bde., 1976–1981) sowie das »Deutsche Universalwörterbuch« (1983).

Fritz, Walter Helmut, Mitglied der Deutschen Akademie für Sprache und Dichtung, geb. 1929 in Karlsruhe, war nach dem Studium der Literatur und Philosophie bis 1964 Lehrer an einem Karlsruher Gymnasium und lebt seitdem als freier Schriftsteller und nebenamtlicher Universitätsdozent in Karlsruhe. Veröffentlichte zuletzt »Werkzeuge der Freiheit. Gedichte« (1983) und »Cornelias Traum und andere Aufzeichnungen« (1985).

Gauger, Hans-Martin, Prof. Dr., Mitglied der Deutschen Akademie für Sprache und Dichtung, geb. 1935 in Freudenstadt, habilitierte sich nach dem Studium der romanischen und englischen Philologie und der Philosophie 1968 in Freiburg und ist dort seit 1969 Professor für Romanische Sprachwissenschaft. Veröffentlichte neben wissenschaftlichen Arbeiten zahlreiche Essays zur zeitgenössischen Sprache und Literatur, zuletzt das Buch »Der vollkommene Roman: ›Madame Bovary‹« (1983).

Harig, Ludwig, Mitglied der Deutschen Akademie für Sprache und Dichtung, geb. 1927 in Sulzbach/Saarland, lebt nach Volksschullehrertätigkeit seit 1974 als freier Schriftsteller in Sulzbach, veröffentlichte zuletzt »Zum Schauen bestellt. Deidesheimer Tagebuch« (1984) und »Das Rauschen des sechsten Sinnes. Reden zur Rettung des Lebens und der Literatur« (1985). Im Herbst dieses Jahres erscheint der Roman »Ordnung ist das ganze Leben. Geschichte meines Vaters«.

Heckmann, Herbert, Prof. Dr., Mitglied der Deutschen Akademie für Sprache und Dichtung, geb. 1930 in Frankfurt a. M., lebt nach Lehrtätigkeiten an verschiedenen Universitäten des In- und Auslandes als Schriftsteller, Fernseh- und Funkautor in Bad Vilbel und ist seit 1981 Professor für Sprach- und Literaturwissenschaft an der Hochschule für Gestaltung in Offenbach. Veröffentlichte zuletzt »Für alles ein Gewürz. Zwei Erzählungen« (1983), »Frankfurter Lesebuch« (1985) und »Die Blechbüchse« (1985). Arbeitet zur Zeit an einem Roman mit dem Titel »Der Querkopf«.

Heißenbüttel, Helmut, Mitglied der Deutschen Akademie für Sprache und Dichtung, geb. 1921 in Wilhelmshaven, arbeitete nach dem Studium der Architektur, Germanistik und Kunstgeschichte als Verlagslektor und Redakteur und war bis 1981 Leiter der Redaktion »Radio Essay« beim Süddeutschen Rundfunk. Lebt seither in Borsfleth (Holstein) und veröffentlichte zuletzt »mehr ist dazu nicht zu sagen. Neue Herbste« (1984) und »Textbuch 8« (1985).

von Hentig, Hartmut, Prof. Dr., Mitglied der Deutschen Akademie für Sprache und Dichtung, geb. 1925 in Posen, war nach dem Studium der Klassischen Philologie Lehrer, seit 1963 Professor für Pädagogik in Göttingen und ist seit 1983 als Professor an der Universität Bielefeld Leiter der dortigen Laborschule und ihres Oberstufen-Kollegs. Veröffentlichte zuletzt u. a. »Aufgeräumte Erfahrung. Texte zur eigenen Person« (1983) – aus dessen Beitrag »Fast ein Poet« der vorliegende Text einen erweiterten Auszug bildet – sowie »Das allmähliche Verschwinden der Wirklichkeit« (1984) und »Ergötzen, Belehren, Befreien. Schriften zur ästhetischen Erziehung« (1985).

Jens, Walter, Prof. Dr., Mitglied der Deutschen Akademie für Sprache und Dichtung, geb. 1923 in Hamburg, wurde nach dem Studium der Germanistik und der Klassischen Philologie 1956 außerplanmäßiger Professor an der Universität Tübingen und ist dort seit 1963 ordentlicher Professor für Rhetorik. Veröffentlichte zuletzt u. a. »Kanzel und Katheder. Reden« (1984), »Momos am Bildschirm 1973–1983« (1984) und »Dichtung und Religion« (zus. mit Hans Küng).

Korn, Karl, Dr., Mitglied der Deutschen Akademie für Sprache und Dichtung, geb. 1908 in Wiesbaden, war nach literarischem und philosophischem Studium Lektor in Toulouse, Redakteur am »Berliner Tageblatt«, bei der »Neuen Rundschau«, erhielt als Feuilletonredakteur der Wochenzeitung »Das Reich« Berufsverbot und war nach dem Krieg seit Gründung der »Frankfurter Allgemeinen Zeitung« deren Mitherausgeber und Leiter des kulturellen Teils. Veröffentlichte 1958 das Buch »Sprache in der verwalteten Welt« und zuletzt »Zola in seiner Zeit« (1980).

Maier, Hans, Prof. Dr., Mitglied der Deutschen Akademie für Sprache und Dichtung, geb. 1931 in Freiburg/Br., seit 1970 Staatsminister für Unterricht und

Kultus, war zuvor nach Studien in Freiburg, München und Paris seit 1962 ordentlicher Professor für Politische Wissenschaft und Direktor des Geschwister-Scholl-Instituts der Universität München, veröffentlichte zuletzt u. a. »Katholizismus und Demokratie« (1983), »Wenn Mozart heute zur Schule ginge« (1983), »Staat–Kirche–Bildung« (1984) und »Die Deutschen und die Freiheit. Perspektiven der Nachkriegszeit« (1985).

Meckel, Christoph, Mitglied der Deutschen Akademie für Sprache und Dichtung, geb. 1935 in Berlin, studierte Malerei und Graphik in Freiburg, München und Paris, war Literatur-Dozent in Austin (Texas) und Oberlin (Ohio) und lebt als freier Schriftsteller abwechselnd in Berlin und in der Provence. Veröffentlichte zuletzt »Souterain. Gedichte« (1984), »Die Gestalt am Ende des Grundstücks« (1984), »Jahreszeiten. Prosa und Zeichnungen« (1984) und »Bericht zur Entstehung einer Weltkomödie« (1985).

Pörksen, Uwe, Prof. Dr., geb. 1935 in Brecklum (Schleswig-Holstein), war nach dem Studium der Germanistik, Geschichte und Philosophie von 1962 bis 1964 im Schuldienst, danach wissenschaftlicher Assistent in Kiel und Freiburg und ist seit 1976 Professor für deutsche Sprache und ältere Literatur an der Universität Freiburg. Veröffentlichte neben wissenschaftlichen Arbeiten »Aufgeräumt. Gedichte« (1977), »Weißer Jahrgang. Roman« (1979) und »Die Ermordung Kotzebues oder Kinder der Zeit. Erzählungen« (1984). Zuletzt erschien »Deutsche Naturwissenschaftssprache. Historische und kritische Studien« (1985).

Sternberger, Dolf, Prof. Dr., Mitglied der Deutschen Akademie für Sprache und Dichtung, geb. 1907 in Wiesbaden, war nach dem Studium der deutschen Literatur, der Kunstgeschichte und Philosophie seit 1927 Mitarbeiter und seit 1934 Redakteur der »Frankfurter Zeitung« (bis 1943), gründete nach dem Krieg (u. a. mit Karl Jaspers) die Monatsschrift »Die Wandlung« und war Mitherausgeber der Zeitschrift »Gegenwart«, von 1955 bis 1972 Professor für Politische Wissenschaft an der Universität Heidelberg. Veröffentlichte 1957 (zus. mit G. Storz und W. E. Süskind) »Aus dem Wörterbuch des Unmenschen« (seither viele Auflagen). Zuletzt erschien u. a. »Über die verschiedenen Begriffe des Friedens« (1984) sowie »Die Stadt als Urbild« (1985).

Walser, Martin, Dr. phil., Mitglied der Deutschen Akademie für Sprache und Dichtung, geb. 1927 in Wasserburg/Bodensee, lebt nach dem Studium der Literatur, Geschichte und Philosophie und zeitweiliger Mitarbeit am Süddeutschen Rundfunk als freier Schriftsteller in Nußdorf am Bodensee. Veröffentlichte zuletzt u. a. »Liebeserklärungen« (1983), »Meßmers Gedanken« (1983), »Brandung. Roman« (1985) und »Variationen eines Würgegriffs« (1985).

Weinrich, Harald, Prof. Dr., Mitglied der Deutschen Akademie für Sprache und Dichtung, geb. 1927 in Wismar, war nach dem Studium der Romanistik, Philosophie und lateinischen Philologie Privatdozent in Münster (bis 1959) und ordentlicher Professor für romanische Literatur und Sprachwissenschaft in Kiel, Köln und Bielefeld (dort als Direktor des Zentrums für interdisziplinäre Forschung) und ist seit 1978 Direktor des Instituts für Deutsch als Fremdsprache an der Universität München. Veröffentlichte u. a. »Linguistik und Lüge« (1966; als Antwort auf eine Preisfrage der Deutschen Akademie) und zuletzt neben zahlreichen Aufsätzen und Essays »Textgrammatik der französischen Sprache« (1982) sowie »Wege der Sprachkultur« (1985).

von Weizsäcker, Carl Friedrich, Prof. Dr., Mitglied der Deutschen Akademie für Sprache und Dichtung, geb. 1912 in Kiel, seit 1945 Professor für Theoretische Physik, ab 1946 am Max-Planck-Institut für Physik, war von 1957–1969 ordentlicher Professor und Direktor des Philosophischen Seminars an der Universität Hamburg und seit 1970 Direktor des Max-Planck-Instituts zur Erforschung der Lebensbedingungen in der technisch-wissenschaftlichen Welt in Starnberg (bis 1980). Veröffentlichte zuletzt u. a. »Wahrnehmung der Neuzeit« (1983) und »Aufbau der Physik« (1985).